해외학자 한국현대사연구분석 2

한국현대사의 재인식 16

해외학자 한국현대사연구분석 2

한국정신문화연구원 편

정용욱
권태억
이 행
정태헌

1999
백산서당

Rethinking Modern Korean History 16
The Analysis of the Foreigner's Studies of the Modern History of Korea

Chung Yong-Wook
(Associate Professor, The Academy of Korean Studies)

Kwon Tae-Eok
(Professor, Seoul National University)

Lee Heng
(Associate Professor, Inje University)

Jung Tae-Hern
(Assistant Professor, Korea University)

1999
Baiksan-Seodang Publishing

발 간 사

　우리 사회가 민주화되기 이전에는 한국현대사도 굴절되게 인식되어 온 점이 적지 않았다. 그것은 집권자측이건 아니면 이를 비판하는 측이건 대개는 자기의 이해관계에 따라 이데올로기적으로 접근했기 때문이다. 한편에서는 자기를 미화하기에 급급했고, 한편에서는 마르크스주의나 종속이론 등 외국의 이론과 개념을 빌려 이를 어줍지 않게 우리 사회에 적용하는 우를 범하기도 했다. 남북이 대치하고 있는 상황에서 금기도 상당 부분 있었고 자료의 한계도 있었다.
　또한 우리에게는 한 개 내지는 수 개의 어떤 개념을 가지고 그것에 치우쳐 사회를 설명하고 그로부터 실천적 과제를 도출했던 과거도 있었다. 하지만, 사물을 바로 본다는 것은 사실을 사실 그대로 보는 것이다. 그것은 긴 시간을 통해 이루어지는 것이겠지만, 결국은 치우침 없이 사물을 보는 것이다.
　과한 것은 미치지 못하는 것만 못하다는 중용(中庸)의 철학은 원래는 인간의 올바른 처신의 문제로부터 시작되었지만, 이를 확장시키면 사회를 보는 시각에도 적용이 될 수 있을 것 같다.
　각 사회는 저마다 고유한 특성이 있게 마련이다. 이제 우리도 남의 시각, 남의 말이 아니라 우리 자신의 시각을 가지고 우리 자신의 말로 우리 사회를 말할 수 있어야 한다. 한국사회가 성숙한 사회로 발전하는 데 있어서 이것은 필수적인 요소다. 또한 국민국가의 틀을 넘어 지구촌사회를 향해 나아갈수록 오히려 다양성과 민족적 정체성을 함께 아우르는 작업이 더욱 중요하다.

한국사회는 반만년의 역사와 전통을 가지고 있고 그만큼 한국사회는 자체 고유한 특성을 가지고 있다. 남의 나라의 개념이나 이론을 가지고는 설명할 수 없는 특징이 있는 것이다. 이것을 밝히고 이것을 우리의 말로 표현할 수 있을 때 우리는 진정한 의미에서 우리 자신의 문화를 갖게 되는 것이다. 지금 우리에게 요구되는 작업은 바로 이것이라고 할 수 있다.

한국정신문화연구원에서는 이러한 작업의 일환으로 그 동안 진행돼 온 한국현대사 연구를 정리해 보기로 했다. 1945년 해방에서 1960년까지를 다룬 이미 출간된 1차분 6권에 이어 이제 1960년대와 1970년대를 다룬 12권의 책을 출간하게 되었다.

여기에 실린 글들은 우선 방대한 자료를 가지고 사실 자체에 근거해서 분석했다는 특징이 있다. 그런 점에서 과거와 같은 이데올로기성에서는 완전히 자유로워졌다고 할 수 있다. 다음으로 아직 한국현대사의 전체적인 상을 그리기에는 미흡한 점이 있지만 우리 현대사의 상이 부분적으로는 상당한 정도 제시되고 있다는 특징이 있다. 이러한 작업이 조금만 더 진척되면 우리 모두가 공감할 수 있는 상을 그릴 수도 있지 않을까 하는 기대도 해본다.

이 작업의 연구성과들이 향후 한국현대사의 연구에 조그마한 밑거름이 되었으면 하는 마음 간절하다.

1999. 10.
한국정신문화연구원장 한 상 진

차 례

▷ 발간사

리차드 로빈슨의 한국현대사 이해 ·············· 정용욱 / 11
  1. 머 리 말 ··· 11
  2. 로빈슨의 재한 활동 ·· 13
  3. *Betrayal of A Nation*의 집필경위와 내용분석 ················· 27
  4. *Betrayal of A Nation*의 의의와 인식상의 특징 ··············· 38
  5. 맺 음 말 ··· 43

데니스 맥나마라의 한국 근대자본주의 발달사 연구분석 ········ 원태억 / 47
  1. 머 리 말 ··· 47
  2. 내용 소개 및 분석 ··· 49
    1) 연구경향 개관 및 분석시각(서론 및 제1장: 기원들) ······· 51
    2) 식민지 한국의 상황 ··· 55
    3) 대상 기업의 분석 ·· 58
    4) 식민지 기업활동의 유산 ·· 64

3. 본서의 의의와 한계 …………………………………………………………… 67
　1) 분석초점의 모호성 ………………………………………………………… 68
　2) 분석틀의 문제점 …………………………………………………………… 69
　3) 구체적 사실규명의 부족 ………………………………………………… 70
　4) 분석대상 기업선정에 있어서의 문제점 ……………………………… 70

콜과 라이만의 한국 현대자본주의발전사 연구 —— 경제성장과 민주주의
………………………………………………………………………… 이　행 / 73

1. 머 리 말 ………………………………………………………………………… 73
2. 『한국의 발전』의 분석틀—정치경제적 접근 ………………………………… 78
　1) 문제의 제기 ………………………………………………………………… 78
　2) 주요 개념들 —— 경제발전과 정치발전 …………………………… 80
　3) 정치발전과 경제발전의 상호작용 ……………………………………… 83
3. 상호 보완적으로 작용하도록 만들어진 정치발전과 경제발전 —— 한국의
　경험 ……………………………………………………………………………… 88
　1) 새로운 리더십과 행정부 우위의 확립 ………………………………… 88
　2) 정치적 타협 ………………………………………………………………… 92
　3) 경제성장과 정치적 안정 ………………………………………………… 98
4. 발전국가의 형성과 개발독재 ………………………………………………… 100
5. 맺 음 말 ………………………………………………………………………… 106

카터 에커트의 식민사관과 한국자본주의 발생론 …………… 정태헌 / 115

1. 머 리 말 ………………………………………………………………………… 115
2. 에커트 한국사상의 주요 논지 ……………………………………………… 120
　1) 현대 자본가계급의 식민지적 연원 …………………………………… 120

2) 자본주의발전을 촉진한 식민정책 ………………………………………… 122
   3) 전후 경제개발의 기초가 된 식민지 유산 ……………………………… 124
   4) 한국의 사대주의와 허구적 민족주의론 ………………………………… 126
 3. 자본주의 예찬론에 의해 되살아난 식민사관 ……………………………… 128
   1) 자본주의 예찬에 가려진 식민지자본주의와 식민지적 근대 …………… 128
   2) 자의적인 단선적 자본가 계승론(일제하~해방 후) …………………… 135
   3) 자의적인 한국사 인식과 주체적 역사전망의 배제 …………………… 145
 4. 덧붙이는 말 ……………………………………………………………………… 157

리차드 로빈슨의 한국현대사 이해

정 용 욱

1. 머리말

로빈슨의 *Betrayal of A Nation*은 해방 직후 남한정치와 미군정의 활동을 다룬 역사서이다. 로빈슨은 이 원고의 집필을 마친 뒤 누차 출판을 시도했던 것으로 보이지만 미국에서는 끝내 공간되지 못했고 남한에서만 번역하여 출판되었다.[1] 이 책은 미국의 대

---

1) *Betrayal of A Nation*의 초고는 1947년에 집필되었다. 필자는 1960년에 1947년판 초고에다 후기를 붙여 출판하고자 했으나 여의치 않았던 것으로 보인다(리차드 로빈슨, 정미옥 역,『미국의 배반』, 과학과 사상, 1988, 서문 참고). 국내 번역본은 하버드 옌칭 연구소에 소장된 장서본 원고를 번역한 것이다.

중들에게는 널리 소개되지 않았지만, 미국의 한국현대사 연구자들에게는 일찍부터 그 존재가 널리 알려져 있었고, 또 연구자들 사이에 상당한 반향을 얻고 있었다. 그리고 이 책이 1980년대 후반에 국내에 번역·출판되어 한국의 독자들에게도 광범하게 읽히면서, 이미 소개되어 있던 브루스 커밍스의 『한국전쟁의 기원』1권과 함께 국내에 해방 직후사에 대해 새로운 시각을 제공하는 역할을 했다.

이 책은 공교롭게도 해방 직후 미군정의 활동을 다룬 미국 육군부의 공식 사서인 『주한미군사』(History of the United States Army Forces in Korea)[2])가 국내에 영인·소개된 것과 같은 해에 국내에서 출판되었다.[3]) 필자는 이 두 종류의 책을 검토하면서 남한정치와 미군정에 대한 서술내용의 상사성을 발견하고, 이를 분석하는 과정에서 『주한미군사』의 해당 주제와 Betrayal of A Nation의 필자가 모두 리차드 로빈슨(Richard D. Robinson)이라는 사실을 밝혀냈다.[4]) 이 과정에서 필자는 Betrayal of A Nation이 주로 『주한미군

---

2) 南韓駐屯 美國陸軍 24軍團 軍史室이 편찬한 『駐韓美軍史』는 History of the United States Armed Forces in Korea, History of the United States Army Forces in Korea, History of the Occupation and Military Government of Korea 등 다양한 명칭을 가지고 있다. 'Armed Forces'와 'Army Forces'는 의미상 아무런 차이가 없고, 사용자에 따른 표현의 차이에 불과하다. 이 史書는 점령에서 철수에 이르는 기간의 미군정 활동 전반을 다루고 있고, 본문과 주석이 방대·자세하여 '미군정 3년사' 편찬을 위해 기초가 될 만한 것이다. 또 『주한미군사』는 진행중인 그날 그날의 사건을 보면서 편찬된 특이한 역사서로서 그 자체 사료적 가치도 매우 크다.

3) 『주한미군사』는 돌베개에서 1988년 9월에 영인·간행되었고, 『미국의 배반』도 1988년 9월에 출간되었다.

4) 졸고, "『주한미군사』의 편찬경위와 구성·서술의 특징," 『韓國史學史硏究』, 于松 趙東杰先生 敎授停年紀念論叢 刊行委員會, 나남출판사, 1997

사』 2부의 간행·미간행 원고에서 사실적 내용들을 취하면서도 해석과 평가가 전혀 다르다는 점과 로빈슨의 역사가로서의 판단과 견해는 Betrayal of A Nation에 집약적으로 나타나고 있다는 점을 발견했다. 이 글은 이러한 분석결과를 토대로 로빈슨의 재한(在韓)시절 활동과 Betrayal of A Nation의 내용을 좀더 구체적으로 해명하기 위해 마련되었다. 이러한 작업은 이 사서가 해방 직후사 연구에서 갖는 의의와 필자 로빈슨의 해방 직후 남한정치와 미군정에 대한 인식을 보다 구체적으로 이해할 수 있게 해줄 것이다.

2. 로빈슨의 재한 활동

로빈슨이 남한에서 군정청 관리와 남조선주둔 미육군사령부(이하 '주한미군사령부'로 줄임) 군사관으로 재직하던 시절의 활동을 해명하기 위해서는 우선 그의 경력을 살펴볼 필요가 있다. 로빈슨이 한국을 떠나기 몇 달 전 스스로 밝힌 그의 이력 내용은 아래와 같다.

1947년 5월 16일 현재 미 육군부 민간인 관리, 당년 26세

학력
워싱턴대학, 행정학 학사

참고.

하버드대학교 대학원, 경영학 석사
버지니아대학(샬롯스빌), 군정학교 졸업
하버드대학, 민정학교(극동지역) 졸업

경력
재학중 여름방학 때마다 회계사원, 농장노동자, 부두노동자로 근무
뉴올리안스 스티브돌링 훈련소 교관
뉴올리안스 수송대 훈련소 교관
캘리포니아 몬테레이 민정학교 집결지에서 조사분석가로 일본의 항만과 수로 연구
주한미군사령부 공보부 여론국 출판과 과장
주한미군사령부 공보부 여론국 여론조사과 과장
주한미군사령부 군사실 군사관(미・소관계와 한국정치 집필)

군경력
1938~1942, ROTC
1943. 5. 3, 미육군 사병으로 입대
1943. 10. 20, 수송대 간부학교 졸업, 소위 임관
1943. 10~1944. 7, 뉴올리안스에서 교관으로 근무
1944. 8~1945. 3, 군정임무를 위한 훈련
1945. 4~1945. 10, 캘리포니아 몬테레이 민정학교 집결지에서 해외발령 위해 대기
1945. 11. 21, 한국 도착, 주한미군사령부 배속
1946. 8. 8, 한국에서 대위로 제대, 육군부 민간인 관리로 채용됨[5]

대학시절 방학 때마다 다양한 직업의 노동자로 근무했던 것에

---

[5] 미국 국립문서기록청, RG 332, USAFIK XXIV Corps G-2 Historical Section (이하 '군사실문서철'로 줄임), 상자번호 5, "로빈슨 이력서," 1947. 5. 16.

서 알 수 있듯이 로빈슨은 그리 유복한 가정환경에서 성장하지는 않았던 것으로 보인다. 그러나 그는 하버드 대학원에서 석사를 마칠 정도로 학구열이 대단했고 또 좋은 학벌의 소유자였다. 그의 군입대 동기는 잘 알 수 없으나,6) 로빈슨은 한국으로 부임하기 이전에 군정요원 훈련을 통해 동북아시아 지역에 대해 어느 정도 사전지식을 갖출 수 있었다. 로빈슨이 훈련받은 샬롯스빌(Charlottesville) 군정학교는 1942년 헌병감실(Office of Provost Marshall General) 예하에 세워진 군정요원 양성학교로, 특히 이 학교는 4부류의 군정요원 중 고급장교요원을 양성한 곳이다.7) 이 학교에서 4개월간 훈련받은 로빈슨은 하버드대에서 극동지역 민정훈련을 받았는데, 이곳 역시 전문가과정이라고 불리었으며 매우 치밀한 교과내용을 담고 있었던 것으로 알려져 있다.

20대 중반의 이 패기만만한 젊은이는 한국에 부임한 뒤 꽤 정력적으로 일했던 것 같다. 로빈슨의 한국 재임시절 활동은 크게 두 시기로 나누어 살펴볼 수 있다. 첫번째 시기는 한국에 도착하여 군정청 공보부에서 관리로 근무하던 1945년 11월에서 1946년 8월까지이고, 두번째 시기는 현역군인으로서 임기를 마친 뒤 다시 육군부 민간인 관리로 채용되어 주한미군사령부 군사실에서 군사관으로 근무하게 되는 1946년 8월 이후 1947년 8월까지이

---

6) 로빈슨이 군에 입대한 시점은 제2차 세계대전이 한창이던 시절로 이때만 해도 미국은 아직 지원에 의해 군인을 선발했다.

7) 나머지 세 부류는 하급장교요원, 점령군사경찰, 기술·자문요원이다. Henry H. Em, "Civil Affairs Training and the U.S. Military Government in Korea," B. Cumings ed, *Chicago Occasional Papers on Korea*, select paper volume No.6, The Center for East Asian Studies, 1991, The University of Chicago, Chicago, Illinois 참고.

다.8)

　로빈슨은 주한미군사령부 공보부 여론국에 오랫동안 근무함으로써 다른 어느 미국인 관리보다 한국의 내부실정을 깊이 이해할 수 있는 기회를 가질 수 있었고, 또 한국인사회의 여론동향을 민감하게 파악할 수 있었다. 그는 직책상 한국인들과 접촉면적이 매우 넓었으며, 대부분 군정청 건물과 숙소를 벗어나지 않았던 중앙의 대다수 군정청관리들과 달리 잦은 지방출장을 통해 한국사회의 실정을 잘 알고 있었다. 그는 여론국에 근무할 때부터 한국의 역사와 정치에 깊은 관심을 가지고 이를 연구했던 것으로 보인다.

　군정청관리 시절 로빈슨의 활동에서 주목할 것은 미군정의 점령정책을 개선하기 위해 벌인 그의 노력이다. 로빈슨은 여론국 차장으로 재직하면서 파악한 한국의 민심동향을 그때그때 정책제안서나 보고서의 형태로 미군정 상층부에 전달했다. 로빈슨은 이와 같은 정책건의를 통하여 자신이 생각하는 바람직한 방향으로 미군정의 점령정책을 유도하고자 했고, 또 한국의 국내 정치상황을 개선하고자 했다.

　로빈슨은 1946년 3월과 5월에 각각 "미군정 홍보정책 제안서"와 "미군정 홍보정책 건의서"를 상부에 제출했다.9) "제안서"는

---

8) 로빈슨은 터키 이스탄불에 있는 미국계 로버트 대학에서 교수직을 제안받고(사전트, "군사작업 진행보고서," 1947. 5. 27, 졸편, 『解放直後 政治・社會史 資料集』 1권, 다락방, 1994, p.570. 이하 『자료집』으로 줄임) 그곳을 향해 항해하던 중에 Betrayal of A Nation의 집필을 시작했다. 그가 서울을 떠난 정확한 출발일은 자료마다 달리 나타나 혼란스러우나 대체로 1947년 8월 중순의 어느 시점이었던 것으로 보인다.
9) 군사실문서철, 상자번호 34, "미군정 홍보정책 제안서," 1946. 3. 18 및 "미군정 홍보정책 건의서," 1946. 5. 6.

로빈슨이 상부에 제출한 첫번째 정책건의서로 보인다. "제안서"와 "건의서"의 제목은 홍보정책과 관련된 것이지만 문서의 내용은 미군정 점령정책의 전반적 방향 및 시정 개선책과 관련된 것이다. 전자가 로빈슨의 한국정세 인식과 그의 정치철학을 포괄적으로 제시하고 있다면, 후자는 미군정 정책의 혼란과 비효율성을 지적하고 이에 대한 시정안을 제시하고 있다.

　로빈슨은 "제안서"에서 군정에 대해 한국인의 불만이 점증하고 있고, 불만의 연원이 홍보수단과 방법상의 문제에서 비롯된 것이 아니라는 데 심각성이 있다는 점을 지적하는 것에서부터 출발했다. 이 문서에서 로빈슨은 당시 한국인들의 여론동향을 파악하여 몇 가지로 요약했다. 즉 거의 대다수 민중이 정부에 의한 통제경제를 원하고 있고, 국민의 반 이상이 모든 토지를 정부소유로 하고 소작농들에게 토지를 분배하기를 원하고 있으며, 또 대기업의 국유화를 원하고 있다는 것이다. 그는 공산주의적 이상에 공감하는 사람들이 여전히 더 많고, 남한의 정치적 성향은 의심할 나위 없이 좌익적이라고 결론을 내리고 있다.

　로빈슨은 이러한 한국의 전반적 민심에 대응하여 미군정 홍보정책의 기본적 방향은 민주주의가 어떤 특별한 정치구조나 경제체제를 전제하고 있지 않다는 점을 강조해야 할 것이라고 건의했다. 즉 민주주의는 그것이 자본주의가 되었건 사회주의가 되었건 어떤 경제체제에도 적용할 수 있는 정치·사회제도인 만큼 민주주의를 사회주의·공산주의와 대립시키지 말고, 대신 미군정은 한국에 수립될 새 정치제도가 모든 한국인들의 의지를 반영할 수 있도록 신경 쓰면 된다는 것이다. 그의 민주주의관에 의하면 자본주의, 사회주의, 공산주의는 생산수단의 소유형태를 반영할 뿐이다. 따라서 민주주의는 이 세 가지 경제체제 중 어느 것과도 양립할 수 있고, 또 한국인들의 전반적인 정치·경제적 성향에 비추어 볼 때 민주주의를 사회주의경제나 공산주의경제와 양립 불가능한 것으로 간주하는 것은 오히려 민주주의적 이상을 위태롭게 할 뿐이라는 것이다.

1946년 3월 시점만 해도 로빈슨이 건의하는 군정 개선책은 군정에 대한 한국인의 여론 악화의 위험성을 지적하면서 미군정의 사회주의와 공산주의에 대한 부정적 태도를 경계하는 추상적인 것이었다. 이것은 이 문서의 작성시점이 바야흐로 미소공동위원회가 시작되고 미군정측에서도 좌익 탄압을 본격화하기 이전의 시점으로서 당시의 정치상황이 매우 유동적이었다는 점과, 로빈슨이 한국의 정치상황이나 한반도를 둘러싼 미소관계의 전반적 추이를 아직 명쾌하게 파악하지 못하고 있었던 사정을 반영하는 것이라고 할 수 있다.

그러나 1946년 5월에 이르면 그의 정책건의는 좀더 구체성을 띠게 된다. 로빈슨은 "건의서"에서 군정 시책상의 혼란과 비능률성을 정치(극우와 극좌에 대한 대처), 경찰, 미곡 및 토지개혁의 네 영역으로 나누어 지적하고 각각에 대해 구체적 시정안을 제시하기에 이른다. 로빈슨은 이러한 시정책들이 제대로 받아들여지지 않자 1946년 7월 말에 이르러서는 미군정 고위당국을 향해 경찰의 전횡과 정치적 역할에 관해 본격적으로 문제를 제기했다. 미군정 내부에서 이른바 "7월보고서"로 알려진 보고서가 바로 그것이다.[10]

로빈슨과 주한미군사령부 공보실장 란킨 로버츠(Rankin Roberts) 중령은 1946년 7월 하순 미국인 특파원들을 대동하고 춘천, 원주,

---

10) 군사실문서철, 상자번호 64, "7월보고서," 필자·작성일자 미상.『주한미군사』, "경찰" 편을 집필한 군사관의 초고인 것으로 보인다.

강릉을 거쳐 동해안을 따라 부산까지 남하하면서 각 지역의 군정 시정상황을 시찰하고 여론을 수집했다. 이 지방실태조사는 주한미군사령관 하지 장군의 정치고문을 담당하던 버치(Leonard M Bertsch) 중위의 요청에 의한 것이었다.11) 이 당시 버치는 김규식, 여운형 등 온건 좌우파 정치인들을 중심으로 좌우합작을 주선하고 있었고, 지방실태조사가 진행된 7월 하순은 좌우합작이 본격적으로 가동되기 시작하던 시점으로서 좌우 정치세력들간에 합작의 조건을 둘러싼 타협과 절충이 계속되던 시점이었다. 버치가 조사를 요청했다는 것으로 보아 이 조사의 목적은 지방에서 좌우합작운동의 여건을 마련하기 위한 사전조사작업의 일환이었던 것으로 보이고, 로빈슨은 이 조사를 담당하기 전에 어떤 식으로든 버치와 교감이 있었을 것으로 보인다.12)

시찰여행이 끝난 뒤 로버츠 실장과 로빈슨은 주한미군사령관

---

11) 군사실문서철, 상자번호 41, 란킨 로버츠, "지방시찰보고서," 1946. 8. 1 및 리차드 로빈슨, "경찰에 대한 조사," 1946. 7. 30.
12) 버치는 오하이오주 애크론 출신으로 聖架(Holy Cross)대학의 철학박사이자 하버드 법대 출신의 변호사로 자칭 '세계 최우수 중위'였다. 한국에 특별한 사명을 띠고 파견된 것은 아니었지만, 샌프란시스코의 서점에서 한국에 대해 입수 가능한 모든 서적을 찾아 한국으로 부임해 오는 길에 통독했다고 한다. 1946년 초 한국에 도착했고, 처음에는 공보부에서 "정계동향"(Political Trend)의 집필을 맡았다. 그는 곧 한국정치 및 주요 정객들에 관해 미군정 내에서 가장 해박한 사람이 되었으며, 주한미군사령관 하지와 미소공동위원회 미국측 초대 수석대표 아놀드의 정치고문이 되었다. 명민한 두뇌의 소유자로 책략과 술수에 능했으며 안하무인격의 성품이었다. 1948년 한국을 떠난 버치는 미국에서 변호사 개업을 했지만 여의치 못했다. 그레고리 헨더슨에 의하면 버치는 부동산 사기사건으로 변호사 자격정치처분을 받았다. 신경계통의 질환으로 불우한 말년을 보냈다.

과 군정장관에게 각각 보고서를 제출했다. "지방시찰보고서"라는 제목의 로버츠 보고서는 여정과 날짜별 활동, 일반적인 정치상황, 식량상황, 경찰, 미군정요원들의 근무태도와 시정상황 등 일반적이고 광범위 문제들을 다루었고, 로빈슨의 "경찰에 대한 조사"는 전적으로 경찰의 권력남용에 초점을 맞추었다.

로빈슨은 이 보고서에서 하곡 수집과정에서 경찰의 부당행위, 각 지역의 유치장 상태와 수형자 처우, 경찰의 집회허가권 악용 사례 및 불법행위 등을 조사한 뒤 경찰제도의 문제점과 이에 대한 군정의 관리책임 문제를 조목조목 제기했다. 그의 비판은 특히 경찰의 정치활동에 집중되었다. 그는 보고서에서 면서기 등 말단 행정기구의 비현실적인 하곡공출량 할당에다 경찰이 이를 강제적으로 집행함으로써 일반농민들의 원성이 군정과 경찰로 모아지고 있다는 점을 먼저 지적했다. 또 경찰이 집회 사전허가제를 규정한 군정법령 72호를 좌익탄압에 대한 '백지수표' 위임으로 간주하면서, 노동조합, 농민조합 등 대중단체를 탄압하고 있고, 또 인민위원회 등 좌익계열의 정당·사회단체 지도자들을 공공연하게 탄압하는 반면 이승만, 한민당 진영을 원조하고 있음을 실례를 들어 비판했다. 그는 경찰의 이러한 행동에 대해서는 미군정에게도 책임이 있고, 특히 여론이 위험수준으로 악화되고 있음을 경고했다. 사실 로빈슨의 이러한 경고는 빈말이 아니었다. 1946년 10월 이후 대구를 시발로 하여 삼남지방을 휩쓴 이른바 '10월항쟁'에서 항쟁에 참여한 농민들의 주된 공격대상은 경찰이었고, 농민들의 불만은 특히 미군정의 곡물수집에 모아졌다. 로빈슨이 시찰한 경상남북도의 동해안지역도 '10월항쟁'의 불길을 피할 수 없었다.

로빈슨은 실태조사에 입각해 나름대로 건의안을 제시했다. 그

가운데 중요한 것을 들면 일제하에서 경찰을 지냈던 전력이 있는 자를 고위직에서 해임할 것, 민주적 방법으로 경찰 재훈련을 실시할 것, 경찰에게서 집회허가권을 회수하여 군정이 이를 담당할 것, 노동조합·농민조합 등 대중단체의 활동을 장려하고 이들을 노동문제·농업문제의 고문으로 활용할 것, 경찰부 이외의 군정관리로 하여금 지방경찰에 대한 순회감사를 실시하고, 이 관리는 군정장관에게 직보할 수 있는 권한을 갖게 할 것 등이다. 경찰의 정치적 역할에 대한 로빈슨의 비판과 제안은 로빈슨만의 독단적인 평가는 아니었다. 로버츠 중령도 자신의 보고서 '경찰' 부분에서는 로빈슨과 마찬가지로 경찰부 소속 이외의 유능한 장교들로 조사반을 구성하여 경찰의 권력남용과 불법행동, 허위보고 사실 등을 조사할 것을 건의했다.

경찰의 민중억압과 좌익탄압에 관한 로빈슨 보고서는 미군정 내에서 경찰의 전횡에 대해 주의를 환기시키는 역할을 했던 것으로 보인다.13) 그러나 그의 비판은 경찰에 대한 비판 이외에 나름의 정치적 의도를 가지고 있었던 것으로 보인다. 보고서에는 그의 정치적 의도도 나타나 있다. 즉 그의 남한정세 파악에 의하면 경찰의 탄압이 대중단체들을 공산주의자 편으로 밀어붙이고 있고, 이러한 경찰문제가 좌익이 좌우합작에 반대하는 주요 이유라는 것이다. 따라서 좌우합작이 성사되기 위해서는 이러한 경찰문제를 개선할 가시적 조치가 이루어져야 한다는 것이다.14) 결론

---

13) 『주한미군사』, 4장 "경찰과 치안"의 한 절인 '경찰이 전국적 사건에 개입하다'(1946년)에서는 '로버츠-로빈슨의 조사, 1946년 7월'이라는 제목으로 양인의 보고서를 길게 소개하고 있다. 『주한미군사』 3권, pp.320-325.

14) 로빈슨, "경찰에 대한 조사," p.5.

적으로 말하면 1946년 중반 이후 좌우합작운동이 본격화되면서 로빈슨은 좌우합작의 조건을 마련함으로써 국내 정치상황과 미군정의 정책을 개선하고자 했다. 그는 이 목적을 위해 그의 비판을 이승만·한민당 진영과 연결되어 이들에 대한 지원활동을 공공연하게 벌이고 있던 경찰, 특히 조병옥, 장택상 등 경찰 수뇌부에 대한 비판에 집중했다. 로빈슨의 좌우합작 지원활동은 초기에 그가 보여주었던 단순한 정책 비판과 개선책 제안에서 나아가 국내 정치상황에 좀더 깊숙이 개입해서 그 해결책을 적극적으로 모색했음을 보여주는 것이다.

로빈슨은 현역군인으로서 군정청 근무를 마친 뒤 육군부 민간인 관리로 채용되어 다시 주한미군사령부 군사실에서 일했다. 어떻게 하든지 한국으로부터 벗어나려는 것이 당시 남한에서 근무하던 미군들의 일반적 분위기였다는 점을 감안한다면, 이와 같이 지위변화를 감수하면서 그가 한국에 남게 된 데는 그 나름의 사명감이 작용했던 것으로 보인다. 로빈슨의 재한 전기 활동이 공보부 관리로서 미군정 고위당국에 대해 직접 정책개선책을 제안하는 데 집중되었다면, 재한 후기 그의 점령정책 개선활동은 미국 여론의 힘을 빌어 미군정에 압력을 가하는 우회적 방법을 구사했다. 그가 이러한 활동방법을 취한 것은 군정관리를 물러나면서 그의 개선책을 군정청 상부에 직접 제안할 수 있는 위치를 상실하게 되었다는 점과 군정 내부로부터의 비판이 완고한 군정 고위층을 움직이는 데 별다른 효과를 거두지 못했기 때문이었을 것이다.

그는 군사실 사관으로 부임하기 이전에도 미국 언론 및 진보적 단체에 남한 사정과 미군정의 정책을 고발하고 비판하는 활동을 했던 것으로 보인다. 군사실문서철에 보면 로빈슨 앞으로

배달된 1946년 6월자 "민주적 극동정책을 위한 위원회 통보"가 보인다. 여기에 실린 "한국에서 분할점령이 지속되는 것은 민중의 의사와 정당들을 무시한 결과이다"라는 무기명 기사는 미군정 내부의 동향과 한국의 정치상황에 정통하지 않고는 쓸 수 없는 내용으로서 로빈슨이 그 필자가 아닌가 추측된다.15) 그리고 1947년 3월 1일자 『네이션』(The Nation)지에 실린 "한국, 미국의 비극"이라는 기사는 미국 군부와 미군정 내부에 적지 않은 파문을 일으켰고, 또 로빈슨이 한국에서 쫓겨나는 데 결정적 역할을 했다.

『네이션』지는 '자유주의적' 성향으로 분류되는 진보적 주간지였는데, 여기에 윌 햄린(Will Hamlin)이라는 필명으로 실린 위의 기사가 미군정의 민중 및 좌익 지도자 탄압과 극우파 지원 등 점령통치를 신랄하게 비판했다. 이 기사의 내용 가운데에는 일반인이 접근할 수 없는 기밀사항들이 포함되어 있었다.16) 기사가 발표되자 미국 언론의 남한 점령정책 보도기사의 논조를 통해 미국 내 여론

---

15) 군사실문서철, 상자번호 75, Committee for a Democratic Far Eastern Policy, *Information Bulletin*, Vol.1, No.8, 1946. 6 및 동 위원회의 로빈슨 앞 편지봉투. 이 기사는 1차 미소공동위원회 결렬로 남과 북의 통합에 실패했음을 알리고, 남과 북의 정치상황 및 미·소 양군의 점령정책을 비교하고 있다. 필자는 미군정이 인민위원회 등 남한민중의 의사를 반영한 자치조직들의 의사를 무시하고 이를 억압한 반면, 북한에서는 소련이 이를 활용하여 제반 개혁조치를 진행하고 있음을 대비시키고 있다. 또 남한정치에 대해서는 미군정의 이승만 지원을 비판하는 반면 이승만의 대극에 인민위원회의 지지를 받는 여운형을 위치짓고 있다.

16) 로빈슨 내사와 관련된 서술은 미국 국립문서기록청, RG 319 Army-Intelligence Project Decimal File, 1946~1948, 상자번호 243, "'Will Hamlin' 신원확인" 문서철을 참고했다. 이하 '윌 햄린 관련 문서철'로 줄임.

동향을 예의 주시하던 주한미군사령부에서는 이 기사의 필자가 주한미군의 일원이라는 단서를 포착하고 미국 육군부 정보국 보안과(War Department, Intelligence Division, Security Group)에 월 햄린의 신원확인을 요청했다. 정보국은 『네이션』의 편집인 고든(J. K. Gordon)을 만나 월 햄린의 신원을 밝혀 줄 것을 요청했으나, 그가 주한미군 장교라는 언질을 들었을 뿐 취재원보호를 구실로 신원확인에 응하지 않아 고든으로부터는 아무런 정보도 얻을 수 없었다. 정보국은 고든과 정치적 성향이 다른 편집부의 다른 직원을 사주하여 그로 하여금 고든으로부터 정보를 얻으려고 했으나 이 또한 실패했다. 정보국은 이외에도 이승만의 미국인 고문이었던 로버트 올리버, 장개석의 미국 내 '차이나 로비'의 재정적 후원자이자 매카시즘이 풍미하던 때 공산주의자 '마녀사냥'에 앞장섰던 콜버그(Alfred Kolberg), 미국작가협회 등 다양한 경로로 신원확인을 시도했으나 끝내 월 햄린의 본명을 확인할 수는 없었다.17)

그러나 이 과정에서 육군부 정보국과 주한미군사령부는 월 햄린이 로빈슨일 것이라는 심증을 굳히게 되었다. 정보국의 조사에 의하면 『네이션』지에 실린 기사내용은 한국에서 워싱턴으로 보내져서 그곳에 살고 있던 로빈슨의 형제 햄린 로빈슨(Hamlin Robinson)에 의해 뉴욕으로 전달되었다. 뉴욕으로 보내진 기사는 공산당과 연루된 릴리 슐츠(Lille Shultz)라는 사람에 의해 개고되거나 아니면 원래의 편집상태로 『네이션』 편집인에게 전달되었다는 것이다.18)

---

17) 월 햄린 관련 문서철, 랄리머 소령, "잡지 필자의 신원확인," 1947. 5. 5; W. E. 크라이스트 대령, "잡지 필자의 신원확인," 1947. 4. 17; R. M. 블랜차드 중령, "요약보고서: 월 햄린(필명)," 충성도 심사건, 조사기간 1947. 7. 7~1947. 8. 29.

『네이션』의 기사는 미군정 고위당국자들을 당황하게 만들었을 뿐 아니라 당시 미국을 방문해서 미국정부와 여론을 상대로 그의 단정수립노선을 열정적으로 선전하고 있던 이승만과 그의 지지자들을 매우 당혹하게 만들었다. 이 기사는 내용 중에 미군정에 대한 비판뿐만 아니라 이승만 진영의 정치적 성격에 대한 신랄한 야유와 비판을 담고 있었던 것이다. 이승만은 『네이션』지와 이 기사의 필자에 대해 명예훼손으로 소송을 제기하려다 비용 때문에 중단했다.19) 이승만 진영은 이승만의 로비스트인 로버트 올리버(Robert T. Oliver)가 편집자에게 보내는 서한의 형식으로 『네이션』 4월호에 반박문을 게재하는 데 만족해야 했다.

주한미군사령부는 월 햄린의 신원을 끝내 확인할 수 없었으나 정보국으로부터 월 햄린에 대한 조사내용을 전달받자, 1947년 4월부터 주한미군 방첩대는 로빈슨의 일거수 일투족을 감시하기 시작했다. 방첩대의 내사는 꽤나 조직적이고 집요하게 전개되었다. 로빈슨에게는 전담 감시자가 따라붙어 일과시간 이외의 활동에 대해서도 낱낱이 동정을 파악하고 있었을 뿐만 아니라 그의 주변인물에 대한 내사와 정보수집을 벌였다. 로빈슨을 담당한 요원은 감시결과를 보고하며 "군사관으로서 그가 얻은 정보는 국무부와 장래의 한국정부의 관계에서 이용될 수도 있으나, 현재 주한미군이 남한에 민주정부를 설립하는 것을 원조하려는 노력에 치유할 수 없는 해를 끼칠 수 있다"고 결론을 맺고 있다.20)

---

18) M. A. 솔로몬 대령, "잡지 필자의 신원확인," 1947. 5. 6.
19) 앞의 R. M. 블랜차드 중령, "요약보고서: 월 햄린(필명)." 정보국 역시 이 소송이 월 햄린의 신원을 밝혀 줄 수 있을 것이라는 기대에서 소송의 성사 가능성을 타진했던 것으로 보이나 실현되지는 않았다.
20) 월 햄린 관련 문서철, 주한미군사령부 방첩대 서울지역 사무소 특수요

로빈슨 역시 그에 대한 조사가 진행되는 것을 눈치챘던 것으로 보인다. 로빈슨은 그와 빈번하게 교유하던 사병교육대 소속의 픽(Theodore Pick)이라는 사병이 일본으로 전속되자, 정보참모부를 경유해 하지 장군에게 제출한 자술서에서 이 조치를 간접적으로 비난하기도 했다. 1947년 6월 하순에 제출된 이 자술서는 그와 교류하던 러시아인들의 정치적 성향에 대한 보고서로, 그의 주변을 압박해 오는 미군정 정보당국에 대한 항의표시가 들어 있었다.21) 그러나 결국 로빈슨은 주한미군사령부에 의해 반미주의자로 낙인찍혀서 한국에서 더 이상 근무할 수 없는 상황에 처했고, 로빈슨 부부는 한국을 떠나 이스탄불로 향했다. 확인되지 않은 정보에 의하면 그는 이스탄불에 도착하자마자 불법적으로 한국을 떠났다는 혐의로 체포되었다고 한다.22)

미국의 여론을 동원해 미군정에 압력을 행사하려던 로빈슨의 계획은 결국 실패로 돌아갔고, 이 시도는 오히려 그를 한국에서 떠나게 만들었다. 어쨌든 로빈슨은 쫓기듯이 한국을 떠나지 않으면 안 되었고, 그의 기사가 미군정 내에 일으킨 파장과 그의 추방과정은 어찌 보면 미군정에 의한 '레드 퍼지'의 한 양상을 보는 것 같다.

원 원 월터, "담당자 보고서: 리차드 로빈슨의 언동," 1947. 5. 30 및 1947. 5. 31.
21) 월 햄린 관련 문서철, 리차드 로빈슨, "서울 러시아정교회에서의 활동," 1947. 6. 26.
22) 월 햄린 관련 문서철, 육군부 정보국 보안과 과장 L. R. 폴니 대령, "리차드 D. 로빈슨," 1948. 1. 6.

3. *Betrayal of A Nation*의 집필경위와 내용분석

이력서에서 말하고 있듯이 군사관(軍史官)으로 재직시 그는 『주한미군사』의 "미소관계와 한국정치" 부분을 집필했다. 『주한미군사』 편찬자들은 전체 3부 가운데 2부에 해당하는 "미소관계와 한국정치"를 한국인이나 소련과의 관계를 고려할 때 가장 까다롭고 부담스러운 주제로 생각했고,23) 로빈슨이 이 주제를 떠맡게 되었다는 것은 그가 군사관으로서 탁월한 자질을 인정받고 있었음을 말한다.24) 그는 상부로부터 지적 능력과 한국의 역사와 정치에 대한 해박한 지식을 인정받고 있었다. 군사실에서 그의 직속상관이었던 사전트는 로빈슨이 한국을 떠나기 전에 승진시켜서 군사관으로 계속 근무하게 해줄 것을 상부에 간청했으며,25) 심지어 로빈슨과 정치적 성향이 정반대라고 할 수 있는 주한미군사령관 하지 중장조차 그의 재능을 인정하면서 그의 원고에 대해 칭찬을 아끼지 않았다.26)

---

23) 『주한미군사』는 1부 "전술사," 2부 "국내적·국제적 사건," 3부 "군정"의 체제로 이루어졌다. 자세한 것에 대해서는 정용욱, 앞의 글 참고.

24) 앞의 글, pp.655-656.

25) 사전트, "군사실 민간인관리 채용의 정당성," 1947. 3. 17(『資料集』 1권, p.558).

26) 해롤드 라슨, "史官記狀," 1947. 9. 9(『자료집』 1권, p.257). 로빈슨은 軍史課에 근무하면서 3·1운동 직후부터 1947년 중반에 이르는 한국의 정당 변천사를 도표로 만들었다. 이 '한국정당사' 도표는 만들어지자 바로

군사관으로 재직하면서 다양하고 풍부한 자료, 특히 각종 비밀문서들을 열람했던 그의 경험은 Betrayal of A Nation 집필에 절대적인 영향을 미쳤다. 그의 말대로 "한반도에서의 미·소관계, 그리고 국내정치의 변화, 발전 등을 포함한 중요한 모든 자료들이 — 공간된 것에서부터 극비 정보보고서에 이르기까지 — 필자의 책상을 통과하여 하부에서 상부로, 상부에서 하부로 전달되었고,"[27) 주한미군사령부 정보참모부 산하 군사실에서 이러한 극비문서들과 정보보고서를 통해 쌓게 된 지식과 정보는 그가 군정청 여론국에서 대민정보수집을 담당했을 때 익힌 현장감각과 함께 Betrayal of A Nation 집필의 밑거름이 되었다.

로빈슨이 『주한미군사』 집필에 참여했고, 실제로 가장 부담스럽고 난해한 것으로 여겨지던 2부의 집필을 주도함으로써 미국의 대한정책과 남한정치에 관한 그의 의견을 남길 수 있었음에도 불구하고, 새삼 별도의 원고 Betrayal of A Nation을 집필하게 된 동기는 무엇일까? 이를 해명하기 위해서는 『주한미군사』의 사서로서의 성격을 좀더 심층적으로 이해할 필요가 있다.

『주한미군사』는 주한미군사령부 군사실이 편찬실무를 담당했지만 이 사서는 미국 군부의 책임과 관할 아래 편찬되었으며, 편찬과정에서 주한미군사령부의 관점과 입장이 주도적으로 반영되었다. 또 애초 편찬목표가 전체 미국 육군사 편사를 위한 자료수

    인쇄되어 군정청 각 부서와 정보기구에 배포되었다. 지금 시점에서 보아도 이 도표는 일제 식민지하 민족해방운동 세력들의 조직적 변화와 해방 이후의 복잡한 정국을 요령 있게 잘 정리해 놓고 있다. 한국의 역사와 정치에 대한 로빈슨의 안목을 알 수 있게 하는 작품이다.

27) 리차드 로빈슨 저, 정미옥 역, 『미국의 배반 — 미군정과 남조선 — 』, 과학과 사상, 1988, p.14.

집과 사실적 근거에 충실한 사서의 확보에 있었고, 이러한 목표는 『주한미군사』의 실제 편찬작업에 그대로 반영되었다. 『주한미군사』의 이러한 편찬지침과 작업절차는 이중의 의미를 가지고 있었다. 한편으로 『주한미군사』는 이 시기 미군정활동과 국내 정치상황에 대해 다른 어느 사서보다 풍부한 사실을 전해 주고 있고, 또 방대한 자료를 남겨 놓았다. 그러나 다른 한편으로 사관에게 자료비판 및 사실에 대한 자유로운 해석과 비판이 원천적으로 허용되지 않았기 때문에 사관들은 자료수집과 원고집필 단계에서부터 의식적·무의식적으로 '위생처리'된 역사를 서술할 수밖에 없었다. 즉 『주한미군사』는 미군정을 다룬 다른 어떤 사서보다도 자료적 근거가 풍부하고 충실한 사서임에 틀림없지만, 동시에 군사관의 해석이나 평가를 배제하고 '사실적이고 객관적인 설명'에 치중한 무미건조한 '자료집' 또는 주한미군사령부의 입장과 이해관계를 전면적으로 반영한 '연대기' 사서이기도 한 것이다.28)

자신이 직접 집필에 참여했음에도 불구하고 『주한미군사』에 대한 로빈슨의 평가는 매우 부정적이다. 그는 아래와 같이 *Betrayal of A Nation* 서문에서 『주한미군사』를 극히 비판적으로 평가했다.

"그 대부분이 '극비'문서로 분류되어 있는 미군의 공식적인 남조선점령의 역사는 아주 편견에 가득차 있고 또한 부정확하게 기술되었다. (중략) 미국과 관련된 모든 것에 관한 비판을 해서는 안 된다는 공식하에 명백히 명령을 받은 상태에서 모든 기록들이 서술되었기 때문에 이야기의 진실성은 반감되었다. (중략) 만약 진실이 밝혀진다면 그것은 곧 미국식

---

28) 정용욱, 앞의 글, pp.649-652 참고.

민주주의라는 미명하에 무능력하고 타락한 행정부가 믿을 수 없을 정도로 미국의 남조선 점령정책을 망쳐 놓았다는 것일 게다."29)

로빈슨이 한국을 떠나는 상선 선상에서 새로이 원고를 집필하지 않으면 안 되겠다고 서둘러 결심한 것은 『주한미군사』에 서술된 그의 견해가 그의 주장을 충분히 반영하고 있지 않을 뿐 아니라, 오히려 왜곡시킬 여지가 있는 만큼 하루빨리 이것을 시정해야겠다는 책임감 때문이었다고 할 수 있다. 그는 자신의 행위를 "조국의 국민대중에 대한 책임감의 발로," "자신이 책임 맡고 있는 영역 내에서 사물들이 뭔가 뒤틀려서 제자리를 잡고 있지 않다는 사실을 발견한 모든 공무원들이 느끼고 있는 책임감"이라고 비장하게 말하면서, 남한에 주둔한 미군정은 이러한 책임을 간과하고 방기했다고 신랄하게 비판했다.30)

로빈슨은 남한에서 근무할 때 군사편찬과 정치분석에서 탁월한 능력을 보여주었으며, 미군정의 점령통치에 대한 비판을 상부에 전달함으로써 나름대로 미군정정책을 개선하기 위해 노력했다. 그리고 그러한 내부에서의 비판이 별다른 효과를 거두지 못하자 미군정의 실책을 언론에 알림으로써 이를 시정하고자 했다. 이러한 행위는 그의 미국식 민주주의와 자유언론에 대한 신념에 기초한 것으로서 그는 미국의 국민들이 정확한 정보를 접한다면 사태는 달라질 것이라고 생각했고, Betrayal of A Nation은 그의 이러한 신념의 산물이었다.

Betrayal of A Nation은 미군의 남한점령이 시작된 1945년부터 한국전쟁에 이르는 시기 남한의 정치와 미군정의 정책, 미·소관

---

29) 로빈슨, 앞의 책, p.13.
30) 앞의 책, p.12.

계를 개괄적으로 서술해 놓은 원고로, 1~9장까지가 1947년 후반에 완성되었고, 10장은 1960년에 추가되었다. *Betrayal of A Nation* 이 『주한미군사』를 저본으로 하고, 그 중에서도 특히 2부를 중심으로 서술되었다는 사실은 양자의 서술내용을 비교하면 금방 알 수 있다. 심지어 어떤 곳은 『주한미군사』를 각주만 생략한 채 그대로 전재하고 있다.31)

『주한미군사』는 앞에서도 얘기했듯이 자료확보와 충실한 사실적 근거를 위주로 한 공식사서이고, 필자들의 해석과 평가를 제한한 채 주한미군사령부의 관점에서 쓰여진 책이다. 반면 *Betrayal of A Nation*은 각주를 생략하고 필자의 주관적 경험을 드러낸 자유분방한 형식의 원고이며, 미국의 점령정책에 대해 비판적 입장과 평가를 직선적으로 드러내고 있다. 그러나 이러한 형식과 편찬 목적의 차이를 염두에 두더라도 양자의 서술논조와 해석상의 차이는 매우 극적이다.

설명의 편의를 위해 먼저 *Betrayal of A Nation*의 전체 목차를 소개한다.

1장 서막
 1. 남조선에 대한 정책과 그 실무자들
 2. 북위 38도선
 3. 전운
 4. 소련군과의 만남
 5. 경계선에서
 6. 모스크바삼상회의

---

31) 예를 들어 2장 2절 "조선인민공화국," 3절 "김구의 임시정부"는 각각 『주한미군사』(돌베개 영인본), pp.114-131과 pp.138-150을 그대로 따다 쓰고 있다.

2장 남조선 정치상황에 대한 개괄
  1. 조선의 공산주의자들
  2. 조선인민공화국
  3. 김구의 임시정부
3장 소련과 미국
  1. 예비회담
  2. 정치적 막간
  3. 미소공동위원회
  4. 38선을 따라서
4장 진보적 민주주의의 소생
  1. 공산주의자들의 광태
  2. 우익의 음모
  3. 진보적 민주주의자들의 희망
5장 군중, 폭동 그리고 살인
  1. 남조선의 경찰
  2. 1946년의 가을폭동
  3. 한미공동회담
6장 민주주의와 혁명
  1. 미숙한 민주주의
  2. 혁명적인 코미디
7장 음모
  1. 좌익의 분열
  2. 1947년 3월 22일
  3. 여운형의 비극
  4. 막다른 길에 들어선 이승만
8장 논의는 고위층으로
  1. 타협
  2. 방해책동
  3. 난관봉착
9장 남·북조선의 복잡한 비극의 역사

1. 소련인이 실행한 일
   2. 미군정에 대한 평가
   3. 결론
  10장 시간과 공간의 거리를 두고 쓴 후기
   1. 협상
   2. 선거
   3. 전쟁

　Betrayal of A Nation과 『주한미군사』의 내용적 대응관계를 비교하면 다음과 같다. Betrayal of A Nation 1장의 전반부는 『주한미군사』 1부 1장, 4장의 내용을 축약한 것이다. 2, 4장은 『주한미군사』 2부 2장 "한국의 정치 첫째 해," 1, 3장은 『주한미군사』 2부 4장 "미소관계 첫째 해," 5장은 『주한미군사』 3부 4장 "경찰과 치안유지" 중 일부 내용을 축약한 것이다. 6, 7장은 1947년의 국내정치를 다루고 있는데, 이것은 로빈슨이 집필하다 미처 완성하지 못하고 떠났던 『주한미군사』 2부 3장 "한국의 정치 둘째 해" 내용을 축약한 것으로 보인다. 8장은 1947년의 미소공동위원회 재개협상과 미소공동위원회의 경과에 관한 내용으로 이 장 역시 로빈슨이 집필하다 도중하차한 『주한미군사』 2부 5장 "미소관계 둘째 해"의 내용을 축약했을 것이다. 9장은 미·소 양 점령군의 통치정책에 대한 간단한 평가이다. 10장은 1960년에 가필한 것으로서 1947년 가을 미국이 한국문제를 유엔에 이관한 뒤 한국전쟁에 이르는 사태발전을 연대기적으로 간략하게 서술한 것이다.

　전체 10개 장으로 구성되어 있지만 필자의 본격적인 분석과 적극적인 해석이 들어가 있는 것은 1장부터 9장까지, 특히 1945년 8월부터 1947년 7~8월경까지를 분석해 놓은 1장부터 8장까지이다. 이 기간은 필자가 한국에 머물면서 이 책에서 다루고 있는 주제와 관련해 풍부한 자료를 접할 수 있었던 시기이고, 또 필자 자신이 사태의 한 가운데서 이른바 '참여관찰'을 할 수 있었던 시기이다. 이하에서는 Betrayal of A Nation의 서술내용을 남한정치와 미군정을 중심으로 하면서 기타 미·소간 교섭, 소련의 대한정책에 관해 좀더 구체적으로 살펴보게 될 것이다.

Betrayal of A Nation의 남한정치에 대한 서술은 여운형과 김규식으로 대표되는 이른바 중도파를 중심축으로 삼고, 로빈슨의 표현대로라면 이들 자유주의자, 진보적 민주주의자들이 어떻게 극우파, 극좌파의 공격과 미군정의 이중적 태도에 의해 실패에 이르게 되는가를 시간의 흐름에 따라 분석하고 있다. 남한정치에 대한 이러한 서술방식은 부분적으로는 1946~1947년 중반 미군정의 남한에서의 정치활동이 중도파에 대한 공작에 집중된 탓이기도 하고, 부분적으로는 필자의 정치적 성향과 중도파에 대한 심정적 지원활동을 반영한 것이기도 하다.

이러한 파악방식은 로빈슨이 남한정치를 읽는 구도를 그대로 반영한 것이다. 그가 관찰한 남한의 정치판도는 아래와 같다.

"정치적인 판도는 한편에는 박헌영과 그의 공산주의자들이, 다른 한편에는 이승만과 그의 독립촉성국민회가 맞서 있는 그림이었다. 그 가운데서 협공을 당하여 사로잡혀 있는 사람들은 김규식과 여운형이었다. 그들은 그 안에서 허우적거리고 있었으며, 극단주의자들의 통제에서 벗어났지만 그들의 뒤에는 어떠한 실제적이고 대중적인 조직도 남아 있지 않았다. 그러나 그들은 미국의 지원이 베풀어짐으로써 일시적인 피난처를 발견하게 되었다. 그 가운데서 조선의 진보적 민주주의가 다시 활동을 재개하는 이야기가 전개된다."

이러한 구도에서 Betrayal of A Nation이 분석하고 있는 남한정치의 내용적 특징으로 가장 주목해야 할 것은 여운형그룹에 대한 분석과 좌우합작운동의 전개과정, 우익 내부의 동향, 특히 이승만과 김구의 우익 내 주도권을 둘러싼 경쟁, 중도파와 우익에 대한 미군정의 정치적 의도와 공작에 대한 부분이다. 이 책은 여운형의 활동과 여운형그룹의 조직적 변천을 건국준비위원회에서부터 그의 좌우합작운동 참여, 피살에 이르기까지 책의 여기저기에서 꽤 많은 지면을 할애하여 분석했다. 로빈슨에 의하면 여운형은 "좌·우익 양자 모두에게서 보이는 전체주의와 기회주의에 대항해서 투쟁했고, 평범한 대다수 민중을 진심으로 걱정하는 극소수 정치가들 가운데 한 사람"이었다.[32] 또 "그의 죽음으로써 조선에서 진보적 민주주의도 막을 내리게 되었고, 그를 죽인 것은 암살자가 쏜 총알뿐만 아니라 미국의 대한정책이었다"는 것이다.[33]

좌우합작운동에 대해서는 미군정측의 이니셔티브를 인정하면서도, 좌우합작운동에 나설 수밖에 없는 남한사회 내부의 정치사회적 조건과 중도 좌·우파의 정치적 신조와 개혁적 성향을 같이 강조했다. 로빈슨은 중도파가 합작의 필요성과 당시의 현실적 상황에 관한 인식을 매개로 나름대로 남한의 상황을 개선하려 했던 점에 주목하면서, 이들의 노력이 실패한 것은 좌·우익 양측으로부터의 협공과 미군정의 이중적 태도 때문이었다는 결론을 내리고 있다.

Betrayal of A Nation의 남한정치와 미군정에 관한 서술에서 돋보이는 다른 하나는 1946~1947년의 남한 내 정치활동에 대한 미

---

32) 앞의 책, p.54.
33) 앞의 책, pp.55-56.

군정의 개입과 공작, 여기에 나타난 미군정의 정치적 의도에 대한 분석이다. 이 책은 이것을 남조선국민대표민주의원(민주의원)과 남조선과도입법의원(입법의원)의 설치배경, 추진을 주도한 인물과 추진과정, 양 단체의 활동 등을 통해 분석했다.

또 로빈슨은 우익 내부의 동향에 대해서도 흥미 있는 관찰을 했는데, 그것은 주로 이승만과 김구 사이의 경쟁과 미군정측과 이들의 관계에 대한 부분이다. *Betrayal of A Nation*은 1945년에서 1947년 중반 시점까지의 우익활동을 이승만, 김구의 입국에서부터 2차 미소공동위원회 참석을 둘러싼 우익 내부의 서로 다른 대응에 이르기까지 면밀히 추적했다. 여기에서 로빈슨은 독촉국민회 주도를 둘러싼 갈등, 1947년 초 이승만의 '방미외교'와 남한의 반탁운동을 둘러싼 알력 등을 통해 이승만과 김구 사이의 우익 내부의 주도권 다툼과 이승만의 주도권 장악과정을 예리하게 분석했다. 또 이승만에 대한 한민당측의 재정적 지원과 미군정과 이승만의 애증관계에 대한 분석도 흥미 있는 부분이다.

로빈슨은 이승만과 김구, 한민당 등 극우세력의 정치적 득세과정에서 경찰이 중요한 역할을 했다는 점과, 미군정이 경찰의 극우세력 지원활동을 묵인 또는 방조함으로써 사실상 이들을 도와주었음을 비판했다. 로빈슨은 1946년 말부터 남한은 경찰 세상이었고, 미군정이 경찰의 수장인 조병옥과 장택상을 비호하면서 경찰의 백색 테러활동을 묵인·조장했던 것은 이들이 미국의 명령에 잘 따르고, 언제나 공산주의에 대항하여 싸워 왔다는 사실이 중시되었기 때문이라고 분석했다. 그는 이러한 미군정의 정책과 활동이 극우파를 성장시켰다고 파악했다.[34]

---

34) 앞의 책, 5장 1절 "남조선의 경찰"과 3절 "한미공동회담" 참고.

남한정치와 미군정 활동에 관한 이상의 분석은 로빈슨이 미군정관리의 일원으로서, 또 각종 정세보고와 정보가 집중되는 정보기구와 여론조사기구에서 일했고, 또 『주한미군사』 편찬과정에서 미군정 고위층 관리들과 접촉하면서 그들의 의견과 동향을 파악할 수 있었기 때문에 가능한 것이었다.

로빈슨은 공산주의를 기본적으로 전체주의로 파악하지만 정치적 대립구도에 있어서는 공산주의자들의 주된 적을 "반동적 보수주의자들이 아니라, 진실로 사회·경제적 개혁을 단행하려는 민주주의자, 사회민주주의자, 진보주의자"라고 파악한 점이 특이하다.35) 그는 이러한 시각에서 남한 공산주의자들의 역사적 계보와 1946~47년의 조직적 변천과정, 이들의 정치활동을 서술했다. 즉 Betrayal of A Nation에 의하면 조선공산당은 한국민중의 이해관계를 진정으로 대변하기보다는 북한 또는 소련과 연결된 조직에 불과하다. 한편 소련의 한반도정책에 대해서도 이를 한반도에 자신에게 유리한 국가를 수립하려는 정책의 일환으로 파악하면서도, 한반도에서 미·소교섭이 실패한 책임은 소련만큼이나 미국에게도 있다고 주장했다. 그는 오히려 미소공동위원회의 교섭과정을 분석하면서 미·소협상에 임하는 미국측 논리의 허구성과 취약성을 노골적으로 지적했다.36)

이러한 그의 관점은 미군정에 대한 비판으로 이어진다. 그는 미군정이 스스로를 '민주주의의 전도사'로 자처했지만 미국의 남한점령의 근본적인 사명은 "조선에 민주주의를 수립하기보다는 소비에트 이데올로기의 영향이 팽창하는 것에 대응할 만한 보루를 구축하는 것"이었다고 보고 있다. 그는 미군정이 한국에

---

35) 앞의 책, p.108.
36) 특히 앞의 책, pp.96-98 참고.

서 안정과 번영을 이룩하지 못한 것은 전적으로 소련군의 잘못은 아니고, 전반적인 사태발전에는 똑같이 책임이 있으며, 특히 남한 점령정책의 실패에 한해서는 미국이 전적으로 책임을 져야 한다고 평가하면서 미국의 대한정책과 미군정 점령정책을 격렬하게 비판했다.

4. *Betrayal of A Nation*의 의의와 인식상의 특징

이 시기에 구미에서 나온 다른 사서류들과 달리 *Betrayal of A Nation*의 남한정치에 대한 분석이 깊이가 있는 것은 앞에서 분석했듯이 로빈슨이 사건의 이면을 투시할 수 있는 귀중한 정보자료들을 많이 접할 수 있었기 때문이기도 하지만, 다른 한편으로 그가 한국사회의 실정과 역사적 전통을 파악할 수 있었기 때문이다. 한마디로 그는 당시 남한정치를 파악할 수 있는 일정한 역사적 시야를 확보하고 있었다고 할 수 있다. 그는 좌·우를 망라한 당시 한국의 정치세력을 분석할 때 항상 각 정치세력의 역사적 연원 및 연결·제휴관계를 먼저 서술하고 있다. 특히 2장에서 한국의 정당을 정치조직과 이념으로 나누어 범주화한 부분과 이들을 구분짓기 위해서 제시한 기준은 로빈슨의 역사적 안목을 잘 나타내 주며, 이 점이야말로 다른 구미 학자들과 달리 그의 한국현대사 서술이 가질 수 있는 고유한 장점이 아닐까 한다.

다음으로 이 책이 가질 수 있는 또 하나의 강점으로 지적되어야 할 것은 서술내용의 자료적 근거와 로빈슨의 현장감각이다.

그는 Betrayal of A Nation의 집필동기를 서문에서 다음과 같이 고백했다.

"미국이 남조선을 점령하고 있던 1945년부터 1947년 사이에 작성된 보고서들 중에서 적어도 75% 이상이 명백하게 조작된 것이거나 아주 부정확하다는 것을 감히 단언할 수 있다. 의회 자체는 심각할 정도로 왜곡된 이야기만을 접하고 있을 뿐이었다. 필자가 남조선을 주제로 이 글을 쓰게 된 것은 바로 이러한 이유 때문이다. 필자는 이러한 입장에서 글을 서술하고 아직도 대외비(對外秘)로 묶여 있는 많은 정보들을 인용하면서 글을 엮어 나가겠다."[37]

여기에서 주목할 것은 두 가지이다. 첫째로 각종 비밀 정보자료들을 다루어 본 경험자로서 그가 정보자료의 많은 부분이 신뢰할 수 없다고 스스로 밝히고 있다는 점이다. 둘째로 그렇기 때문에 오히려 이러한 허구를 밝힐 수 있는 위치에 있는 자신이 글을 남겨야 한다고 강조하고 있다는 점이다. 이러한 지적은 역으로 로빈슨의 서술이 그의 주관적 견해를 과도하게 강요하고 있는 것이 아닌가 하는 주장의 논거가 될 수도 있다. 그러나 Betrayal of A Nation은 각주가 없어 자료적 근거를 제대로 파악할 수는 없지만, 『주한미군사』의 해당 부분과 비교해 보면 대체로 그 사실적 근거는 탄탄한 것으로 보인다. 이런 측면에서 이 책과 로빈슨의 해석은 이 시기에 생산된 미군정측 자료에 대한 사료비판을 위한 하나의 준거를 제시하는 셈이다.

로빈슨의 역사인식에서 가장 먼저 지적하고 싶은 것은 그의 대중관이다. 우선 그는 남한정치 분석에서 정치지도자들과 대중

---

37) 앞의 책, p.12.

을 분리해서 파악하고 있다. 서문에서 그는 해방 직후의 남한정치를 다음과 같이 풍자하고 있다.

"여기에서 서술되는 이야기는 혼란에 빠진 수많은 청중들 앞에서 두 명의 주인공과 두 명의 악당이 연극의 혼란된 절정 장면을 공연하고 있는 것이다. 주인공 역할을 맡은 사람은 남조선의 진보적 민주주의계의 지도자인 여운형과 김규식 박사이고, 악당 역할을 맡은 사람은 공산주의 지도자인 박헌영과 극단적 우익에 속하는 이승만이다. 현재의 무대에서 나타나고 있는 불경스러울 정도의 혼란은 모두가 대중의 시선을 획득하기 위하여 고래고래 소리를 지르고 있는 수많은 조선의 정객들이 만들고 있는 장면이다. 연극을 관람하고 있는 청중을 살펴보노라면 관람석의 대부분을 점령하고 있는 것은 정치적으로 자각도가 낮은 조선인들이고, 칸막이 관람석에는 미국인들이 멍청하게 눈을 감고 못 본 척하고 있으며, 관람 태도가 좋지 못한 러시아인들은 계속해서 야유를 보내고 있다. 이러한 일들이 곧 비극적인 종말을 맞이하게 되는 연극처럼 점령기의 남조선에서 벌어지고 있다."38)

이와 같이 그는 남한 정계를 배우 - 정치지도자, 관객 - 대중으로 분리한 뒤, 또 정치지도자를 주인공과 악당으로 비유했다. 그는 다른 곳에서 "인민들은 자신들이 효과적으로 받아들일 그런 민주주의적인 철학을 이해한다든지 또는 그러한 체제를 만들기 위해 충분하게 교육받지 못했거니와 정부의 일에 커다란 관심도 없다"면서 수동적인 대중관을 피력했다.39) 따라서 "조선인민의 문화·교육수준이 민주주의가 확실하게 온존될 정도의 수준으로 오를 동안 평화를 강화시켜 주는 연합국들의 신탁통치가 실행"

---

38) 앞의 책, pp.14-15.
39) 앞의 책, p.44.

되어야 한다고 주장한다.40) 그러나 다른 한편으로 그는 '10월항쟁'을 북한 선동가들에 의한 조종으로 파악한 미군정당국의 견해와 달리 이를 "남조선 경찰에 대항하여 일어났으며, 일종의 성숙된 혁명"으로 파악함으로써 대중적 역동성을 인정하는 모습도 보여주었다. 이러한 로빈슨의 대중관에서 주목해야 할 것은 두 가지이다. 하나는 이 시기 정치를 이렇게 지도자와 대중으로 나누어 분석하는 것이 얼마나 사실과 부합하며 또 올바른 해석방식인가 하는 점과 다른 하나는 이 시기 대중들과 지도자의 관계 여부와 대중적 역동성을 어떻게 볼 것인가 하는 문제이다. 이 점은 지금 시점에서 이 시기 역사를 체계화할 때에도 여전히 고민해야 할 부분이 아닌가 한다.

다음으로 지적하고 싶은 것은 그의 정치성향과 그로부터 비롯된 이 시기 남한정치에 대한 그의 파악방식이다. 그는 자신의 정치적 신념을 노골적으로 적시하고 있지는 않지만 다른 글들과 이 시기 남한 정치사를 보는 그의 관점을 고려하건대, 그는 그가 사회민주주의 또는 자유주의, 진보적 민주주의라고 부르는 사상에 경도되어 있다고 볼 수 있을 것이다. 그를 감시했던 방첩대 특수요원의 말을 빌리자면 그의 정치적 성향은 "중도노선에서 좌익으로 경도"(middle of the road policy with a tendency of leaning to the left)되었다는 것이다. 그는 소련의 팽창적 대외정책에 대해서는 비판적이었지만, 앞에서 서술했듯이 민주주의와 사회주의를 대립시키지 않는 그의 민주주의관을 볼 때, 그는 사회주의사상 자체에 대해서는 어느 정도 호감을 가지고 있었던 것으로 보이

---

40) 앞의 책, p.96 및 군사실문서철, 상자번호 69, 로빈슨, "미소공동위원회와 관련된 문제들," 1946. 6. 19에 제시된 그가 신탁통치를 지지하는 이유 참고.

고 또 그 이해도도 상당했던 것으로 보인다. 아마 이러한 그의 신조가 그를 소련군 장교들이나 러시아인들과 서울에서 스스럼 없이 교제하게 만들었을 것이다.[41]

어쨌든 그는 주한미군사령부 고위당국자들의 완고한 반공주의와 극우적 성향에 대해 매우 비판적이었다. 그는 한국의 정치상황을 개선하기 위해서는 주한미군사령부가 극우파에 대한 지원과 좌익에 대한 노골적 탄압을 중지하고 중간파를 통해 '진보적 민주주의'를 시행해야 한다고 믿었다. 그러나 그의 노력은 좌절되었고, 미군정 내 다른 자유주의적 관리들과 비슷하게 쫓기듯이 한국을 떠나지 않으면 안 되었다.

여기에서 제기되는 문제점은 그가 '진보적 민주주의'라고 부르는 것의 내용을 좀더 구체적으로 파악할 필요성과, 다른 한편으로 중도파를 중심으로 당시 남한정치를 바라보는 관점의 적실성, 그의 한국정치 구분법이다. 로빈슨도 인정하고 있지만 당시 중도파는 그들 노선의 합리성에도 불구하고 다른 정파에 비해 세력은 약했고, 극좌세력과 극우세력으로부터 협공당하고 미군정으로부터도 이용당함으로써 정치적으로 실패하고 말았다. 이런 측면에서 어찌 보면 중도파 중심의 정치사 파악은 비현실적이라고도 할 수 있는데, 그렇다면 이러한 파악방식을 어떻게 평가하고, 또 중도파는 역사적으로 어떻게 평가할 것인가 하는 문제가 남는다.

*Betrayal of A Nation*은 전반적으로 1940~50년대 미국 학계를 풍미했던 미국측 관찬 사서류에 나타난 공식 역사와는 다른 시각에서 해방 직후 정치사를 접근하게 해줄 뿐만 아니라, 미·소

---

41) 이에 대해서는 앞의 로빈슨, "서울 러시아정교회에서의 활동" 참고.

의 대한정책과 미군정에 대한 다른 하나의 평가기준을 제시했다. 그리고 이러한 시각은 당시 미국에 존재하던 이른바 자유주의적 관점에서의 미국 대한정책 수행방식에 대한 비판과 궤를 같이하는 것이라고 할 수 있다.42)

또 참여관찰기 — 사실은 내부 고발기에 가깝다. 로빈슨 스스로 이 책에 "조국을 고발한다"는 자극적인 제목을 붙이고 있다 — 라는 이 책의 특이한 서술방식이 후대의 연구자들에게 주는 이점도 이 책의 공헌 가운데 하나이다. 이 책은 미군정 관리들의 성향과 그들 사이의 차이에 대해 비교적 풍부한 사실을 전해 준다. 이런 측면에서 이 책은 미군정 통치와 점령정책의 입안과정이나 내부동향 등에 대한 비판적 관찰의 기회를 제공한다.

5. 맺음말

로빈슨의 *Betrayal of A Nation*은 동시대 미국에서 나온 한국현대사 관련 사서들과 비교할 때 매우 특이한 책이다. 우선 한국 내부의 정치상황에 대한 분석이 동시기에 나온 다른 어느 사서(한국에서 나왔건 미국에서 나왔건)보다 탁월할 뿐만 아니라, 미국에서 미군정 관련문서들이 공개되기 이전의 시점에서는 거의 독보적이라고 할 만큼 깊이 있는 내용을 간직하고 있다. 또 동시기에 나온 미국 측 관찬 사서들이 대부분 점령정책을 합리화하는

---

42) 졸고, "미·소의 대한정책과 군정연구,"『한국사론』27, 국사편찬위원회, 1997, pp.8-10.

방향에서 쓰였던 것에 비해 이 책은 시종일관 미군정과 미국의 남한 점령정책에 대해서 비판적 관점을 유지하고 있다. 이러한 관점은 필자의 정치적 성향과 무관하지 않겠지만, 그것에 덧붙여 로빈슨의 한국사회 전통에 대한 역사적 안목과 한국 농촌사회의 실정에 대한 현장감각도 한몫 했을 것이다.

로빈슨은 재한시절 전반기에는 미군정 공보국의 관리로서, 후반기에는 주한미군사령부 군사실 군사관으로서 점령당국의 점령정책을 개선하기 위해 많은 노력을 기울였다. 그의 점령정책 개선노력은 전반기에는 미군정당국에 직접 개선책을 제안하거나 미군정 내 다른 자유주의적 관리들과 협조하여 국내정치를 중도파에게 유리하게 만들려는 노력으로 나타났다. 그리고 후반기에는 미국 여론을 불러일으켜 미군정에 압력을 넣는 우회적 방식으로 전개되었다. 그러나 이러한 노력은 어느 것이나 별다른 효과를 거두지 못했고, 오히려 이러한 활동이 미군정과 긴장관계를 야기하여 결국 그는 한국으로부터 쫓겨나고 만다.

*Betrayal of A Nation*에는 그의 이러한 활동경험이 밑바탕에 깔려 있으며, 해방 직후 남한정치와 미군정에 대해 여태까지 나온 그 어떤 사서보다도 풍부한 정보를 전해 준다. 흔히 1980년대 한국에 소개된 브루스 커밍스의 미군정에 대한 서술이 해방 직후사에 대해 커다란 인식상의 전환을 초래한 것으로 평가되지만, 로빈슨의 저서는 이미 그보다 30년이나 앞선 시점에서 당시의 역사적 상황을 풍부한 사실적 근거에 바탕해 비판적으로 만날 수 있게 해주고 있다. 이런 의미에서 이 책은 해방 직후사 연구의 길잡이 역할을 톡톡히 해내고 있는 셈이다. 로빈슨의 *Betrayal of A Nation*을 놓고 볼 때 어떤 의미에서 한국현대사의 연구사적 전통을 확립하는 것은 '전통주의'와 '수정주의'의 해묵은 논쟁

속에서가 아니라 해방 직후의 역사서술을 비판적으로 극복하는 데서부터 새로 출발하지 않으면 안 될 것이다.

참고문헌

<논저>
리차드 로빈슨 저, 정미옥 역, 『미국의 배반』, 과학과 사상, 1988
정용욱, "『주한미군사』의 편찬경위와 구성·서술의 특징," 『韓國史學史硏究』, 于松 趙東杰先生 敎授停年紀念論叢 刊行委員會, 나남출판사, 1997. 9.
정용욱, "미·소의 대한정책과 군정연구," 『한국사론』 27, 국사편찬위원회, 1997.
Henry H. Em, "Civil Affairs Training and the U.S. Military Government in Korea," B. Cumings ed., *Chicago Occasional Papers on Korea*, select paper volume No.6, The Center for East Asian Studies, 1991, The University of Chicago, Chicago, Illinois.

<자료>
美國 陸軍 24軍團 軍史室, 『駐韓美軍史』, 돌베개, 1988.
정용욱 편, 『解放直後 政治·社會史 資料集』 1권, 다락방, 1994.
사전트, "군사 작업진행 보고서," 1947. 5. 27.
사전트, "군사실 민간인 관리 채용의 정당성," 1947. 3. 17.
해롤드 라슨, "史官記狀" 1947. 9. 9.
미국 국립문서기록청, RG 332, USAFIK XXIV Corps G-2 Historical Section, 상자번호 5, "로빈슨 이력서," 1947. 5. 16.

상자번호 34, "미군정 홍보정책 제안서," 1946. 3. 18 및 "미군정 홍보정책 건의서," 1946. 5. 6.

상자번호 41, 란킨 로버츠, "지방시찰 보고서," 1946. 8. 1 및 리차드 로빈슨, "경찰에 대한 조사," 1946. 7. 30.

상자번호 64, "7월보고서," 필자·작성일자 미상.

상자번호 69, 로빈슨, "미소공동위원회와 관련된 문제들," 1946. 6. 19.

상자번호 75, Committee for a Democratic Far Eastern Policy, Information Bulletin, Vol.1, No.8, 1946. 6.

미국 국립문서기록청, RG 319 Army-Intelligence Project Decimal File, 1946~1948, 상자번호 243, 'Will Hamlin' 신원확인 관련문서.

랄리머 소령, "잡지 필자의 신원확인," 1947. 5. 5.

W. E. 크라이스트 대령, "잡지 필자의 신원확인," 1947. 4. 17.

R. M. 블랜차드 중령, "요약보고서: 윌 햄린(필명)," 충성도 심사건, 조사기간 1947. 7. 7~1947. 8. 29.

M. A. 솔로몬 대령, "잡지 필자의 신원확인," 1947. 5. 6.

주한미군사령부 방첩대 서울지역 사무소 특수요원 원 월터, "담당자 보고서: 리차드 로빈슨의 언동," 1947. 5. 30 및 1947. 5. 31.

리차드 로빈슨, "서울 러시아정교회에서의 활동," 1947. 6. 26.

육군부 정보국 보안과 과장 L. R. 폴니 대령, "리차드 D. 로빈슨," 1948. 1. 6.

데니스 맥나마라의 한국 근대자본주의 발달사 연구분석

권 태 억

1. 머 리 말

1960년대 중반 이후 한국의 급속한 경제발전은 많은 외국 학자들의 눈길을 끌게 되었던 듯하다. 그들은 많은 제3세계국가들 가운데 한국을 비롯한 극히 일부 국가만이 눈부시게 발달할 수 있었던 요인은 무엇인지 탐구하기 시작했다.

그 결과 일부 연구자들은 한국자본주의의 모습이 일본의 그것과 닮은 것을 확인하고, 이에서 더 나아가 그 기원이 일제 식민지기에 있다고 주장하기 시작했다. 이같은 연구결과는 사회주의권의 몰락, 일본의 군사대국화·보수화와 맞물려 등장한 식민지

지배 미화론자들의 이론적 근거가 되기도 하고, 최소한 식민지지배가 나쁜 것만은 아니었다는 주장의 근거가 되기도 했다.

　이같은 연구경향은 일제에게 식민지지배를 당한 것을 치욕으로 생각할 수밖에 없고, 따라서 그 모욕적인 면을 강하게 기억할 수밖에 없는 대다수 한국인들에게 충격적으로 받아들여졌다. 그러나 초기의 충격을 삭이면서, 그같은 주장들과 논쟁을 계속하고, 또 현실의 자신의 모습을 되돌아보게 되면서 그같은 주장들을 완전히 틀린 것으로 치부할 수 없다는 것을 점차 깨닫게 되었다.

　따라서 지금은 일제 식민지시기에 있었던 객관적 실체로서의 커다란 변화의 실상을 밝혀 내고, 현재 우리의 일상생활에 크고 작은 자취를 남기고 있는 식민지지배의 유산을 어떻게 인식하고 평가하고 어떻게 받아들일 것인가 하는 것이 문제가 되고 있는 시점이라고 할 수 있다. 즉 초기의 무조건반사적 반발의 단계에서 벗어나 좀더 냉철하게 학문적 분석에 임해야 할 단계에 도달한 것이다. 이같은 자기분석 없이는 진정한 역사발전은 힘들 것이라 생각한다.

　이같은 필요성에도 불구하고 식민지시기에 대한 학계의 연구축적은 매우 부족한 형편이다. 사실 식민지 지배기에 관한 본격적 연구는 시작된 지 채 20년도 되지 않았다.[1] 이 시기에 있었던 사실들의 실증적 정리조차 충분하지 못한 형편이다. 또 이 시기를 분석할 방법론이나 시각조차 정립되어 있지 못한 실정이다. 이같은 상황에서 기존의 연구성과를 정리하는 일은 매우 중요하

---

[1] 일제 식민지 지배기에 대한 연구사의 정리는 권태억, "일제 식민통치 연구의 현단계와 과제,"『한민족독립운동사 12』(국사편찬위원회, 1993); 정재정, "1980년대 일제시기 경제사연구의 성과와 과제",『한국의 근대와 근대성비판』(역사비평사, 1996) 참조.

다. 이를 통해 그들이 도달한 성과를 소화하고 또 그 시각을 음미함으로써 우리 자신의 시각을 정립할 수 있기 때문이다. 또 서구 학계가 우리보다 앞선 학문적 축적과 한 발 앞선 분석도구를 활용하고 있음을 인정할 수밖에 없는 것이 현실이라면, 직수입과 추종은 아니라 하더라도 세밀한 주목은 필요하다고 하겠다. 또 그들의 문제의식을 음미함으로써 그 적실성은 물론 우리의 문제의식을 정립하는 데도 도움이 된다고 하겠다.

본고는 미국인 Dennis L. McNamara의[2] *The Colonial Origins of Korean Enterprise, 1910~1945*(Cambridge University Press, 1990)를[3] 대상으로 한다. 먼저 책의 내용을 소개한 다음 그 성과와 한계를 따져보기로 한다.

2. 내용 소개 및 분석

이 책은 제목이 암시하듯이 60년대 경제개발기 한국정부 및

---

[2] Dennis L. Mcnamara는 현재 Georgetown University의 사회학과 학과장으로 근무하고 있다. 그는 "Imperial Expansion and Nationalist Resistance: Japan in Korea, 1876~1910"이라는 제목으로 1983년 Harvard대학에서 박사학위를 취득했다. 그 밖의 주요 저서로는 *Textiles and Industrial Transition in Japan*(Ithaca, Cornell Univ. Press, 1995); *Trade and Transformation in Korea, 1876~1945*(Goulder: Westview Press, 1996) 등이 있다.

[3] 책의 구성은 다음과 같이 비교적 간단하다. Preface /1. Origins /2. Benign Capitalism /3. Colonial States /4. Japanese Investments /5. The Mins and Finance /6. Pak and Commerce /7. Kim and Industry /8. Legacies.

기업의 경제활동에서 보이는 특징들, 즉 경제개발에 있어 정부의 강력한 지도력 및 그에 추종하여 경제활동을 벌이는 기업들의 활동양상이 일제시기에서 연유한다는 입장에서 서술되었다. 이를 위해 저자는 조선총독부의 경제정책과 당시 대표적이라고 생각되는 한국인 자본가(집단) 셋을 택하여 분석대상으로 삼고 있다. 또 당시 한국이 식민지였다는 상황과 관련해 이들 기업의 매판성 또는 예속성 여부도 검토하고 있다. 그리하여 이같은 경험이 이승만의 제1공화국 시기에 어떻게 되살려지고 있는가를 살필 것이라고 했다.

책의 구성을 보면 서론에 이어 1장 "기원들", 2장 "온건자본주의"에서는 이 책이 가지고 있는 문제의식, 분석의 시각을 제시하고, 이어 3장 "식민지정부"(즉 조선총독부), 4장 "일본의 투자"에서는 주로 일제의 한반도에 있어서의 식민지 경제정책과 한국에 투자한 일본자본의 규모 및 성격, 그에 대비한 한국 자본가들의 상황을 기술하고 있다. 결국 한국 토착자본가들의 기업활동 환경을 이해하기 위한 것으로 이해된다. 이어서 5장 "민씨 가문과 금융," 6장 "박과 상업," 7장 "김씨와 산업"은 저자가 분석대상으로 삼은 민영휘, 민대식·민규식 집안, 박흥식, 김연수의 경제활동, 그들이 경영을 담당한 기업의 영업내용 등을 분석했다. 마지막 8장 "유산들"은 이 책의 결론에 해당하는 것으로, 이같은 대표적 자본가들의 일제시기 기업활동의 경험이 해방 후 한국에 어떻게 계승되었는가에 관련된 문제를 다루었다. 본문 172쪽, 부록 15쪽, 참고문헌 14쪽 등을 합해 210여 쪽 남짓한 분량의 저술이다. 이제 각 장의 내용을 보다 자세히 살피기로 한다.

1) 연구경향 개관 및 분석시각(서론 및 제1장: 기원들)

　서론에서 저자는 여태까지 한국의 경제발전에 관한 연구들이 주로 국가와 재벌의 역할에만 관심을 가지고 그 이전의 역사적 경험에 대해서는 관심이 부족했다고 지적하면서, 식민지시대의 연구가 진척되면서 해방 후 한국자본주의가 식민지시대의 그것의 연속선 위에 있다는 것이 점차 분명해지고 있다고 말한다. 따라서 한국의 초기자본주의 양식(pattern)을 보다 잘 이해하기 위해서는 식민지사회에 있어 기업과 국가의 관계를 연구하는 것이 필요하다고 밝혔다. 보다 구체적으로 저자의 관심은 일본 식민지 기간 중 한국의 경제엘리트가 어떻게 등장했으며, 그들이 처한 환경에 어떻게 적응했으며, 그들 자신의 기업형태를 어떻게 만들어냈는가에 집중되어 있고, 토착 한국자본주의라는 개념과 제도가 분석의 주제가 될 것이라고 예고했다. 이같은 분석의 결과 필자는 한국의 거대 사기업(=재벌)의 식민지적 기원과 근대 한국자본주의의 초기 모습에 주의를 집중할 것임을 밝혔다. 그와 함께 저자가 여기서 다루고 있는 세 가문의 기업활동이 매판자본이라기보다는 예속자본임을 밝힐 것임을 예고하고 있다.
　이에 의하면 저자는 현대한국의 거대 사기업의 기원이 일제시기에 있었다는 이해를 바탕에 깔고, 양자의 구체적 연관양상을 식민지기 한국 토착자본의 발생, 성장(또는 위축)의 모습을 분석함으로써 밝히려는 것으로 보인다. 다만 여기서 이들이 매판자본인가의 여부, 또는 예속성을 밝힌다고 하면서도, 그것이 해방 후 한국자본가들의 성격을 이해하는 데 왜 중요한지에 대해서는 별

언급 없이 넘어가고 있다.

1장 "기원들"에서 저자는 한국에 있어 자본주의경제의 면모는 19세기 후반까지 소급될 수 있기는 하나 국내시장, 상업적 농업, 해외교역 등은 1876년 이후 급속히 성장하게 되었다고 한다. 그러나 해외세력과의 경쟁, 국내정세 불안, 적절한 통화와 재정기관의 결여, 농업 이외의 다양한 투자기회의 결여로 자생적 한국 자본주의의 발전은 불가능했다고 한다. 결국 저자는 한국 학계의 '자본주의 맹아론'의 연구성과를 부정하지는 않으면서도, 한국자본주의는 개항 이후 비로소 급속히 발전했다는 절충적 입장을 취하고 있다.

한편 1910년 이후 일본국가와 사적 자본의 이해관계가 한국경제를 지배하게 되지만, 이때 이루어진 변화는 해방 후 한참 뒤까지 남한의 사회와 경제에 영향을 끼치게 되었다고 한다. 즉 이 기간에 이루어진 재정제도의 발달, 수송과 시장의 발달, 산업투자의 기회 확대와 함께 국가와 기업 관계의 분명한 양식이 등장하게 되었다는 것이다. 그는 현대한국 재벌이라는 가족경영의 기업집단에서 집중과 국가의 지시와 지지라는 일제시기의 양식이 완강히 지속됨을 볼 수 있다고 한다.

이에 이어 그는 기업(enterprise), 국가(state), 계급(class)이라는 항목을 설정하여 경제적 예속[4]의 문제를 다루어, 이 책의 분석시각

---

[4] 그에 의하면 경제적 예속(economic dependence)은 다음과 같이 정의된다. 즉 "경제적 예속이란 식민지 또는 주변부경제에 있어 중심 또는 핵심경제의 수요와 공급의 요소에 의존하는 것을 의미한다. 주변부경제는 자기 자신의 국내경제의 균형 잡힌 발전을 위해 다양화하기보다는, 중심부경제의 필요에 맞추어 지나치게 특화되기에 이른다." 즉 자립성을 잃고 중심경제의 수요와 공급에 의존하는 경제를 의미한다.

을 암시하고 있다. 그가 여기서 소개하는 이론은 주로 라틴아메리카를 대상으로 해 발달해 온 세계체제론적인 것으로, 경제적 예속, 이 속에서의 국가와 외래자본, 토착자본의 관계에 대한 다양한 이론을 제시한다. 이들 이론을 소개하면서 그것의 한국에 대한 적용 가능성을 검토하는 것이다.

도스-산토스(Dos-Santos)는 라틴아메리카의 경제적 예속상황을 금융·산업적 예속(financial-industrial dependence)이라고 명명했는데, 한국의 식민지적 예속의 경우에는 이들과 커다란 차이가 있다고 한다. 즉 첫째, 일본의 지리적 근접성과 문화적 유사성이 유럽 식민지의 경우보다 더 포괄적인 침투를 가능하게 했고, 일본인들은 자신들이 운영하는 하부구조를 통해 행정, 재정, 수송을 지배했고, 또 일본의 사기업들도 자신의 집행진, 경영진 그리고 기술자들과 함께 반도로 왔기 때문에, (라틴아메리카에서 볼 수 있는) 매판의 필요성은 적었다고 한다. 둘째, 일제 당국자들은 재벌과 함께 한국을 대륙진출을 위한 기지로 만들었고, 태평양전쟁을 위해서 화학과 군수기지로 만들었고, 이것이 중공업과 수력발전을 부추겼다. 이것들은 대개 일인들이 소유하고 경영했지만 약간의 한국인 기업가들이 틈새를 차지하게 되었다고 한다.

한편 카르도소(Cardoso)와 팔레토(Falletto)가 브라질에 있어 외국투자에의 의존, 농산물판매를 위한 외국시장에의 의존을 동반한 경제발전 등을 설명하고자 고안한 '연합종속적 발전'(associated-dependent development)이라는 개념이 있음을 소개하고, 아울러 에반스(Peter Evans)가 지역(토착)자본과 다국적투자의 연결에 있어 지역국가가 중개인 또는 문지기 역할을 주장한 것 등을 검토하면서, 식민지 해방 이후 브라질에 있어 경쟁자/공모자를 구별했는데, 이보다는 (식민지시기 라틴아메리카의 상황을 의미하는)

고전적 예속의 시기에 있어 예속적 자본가와 매판의 구별이 한국의 경험을 이해하는 데 보다 적절하리라고 지적한다. 즉 '예속자본 대 매판자본'이라는 식민지 시기의 경험이 해방 후 한국경제의 발전양식을 이해하는 데 도움이 될 것이라고 말한다.

이상이 세계자본주의체제에 있어 종속적 발전, 그 속에서의 국가와 외래자본, 국내자본의 상호관계에 관한 것이라면, 저자는 이어 국가와 사회의 문제에 대해 논의한다. 여기서 그는 최근 학자들이 "단순한 계급투쟁의 광장 또는 다양한 거대 이해집단의 보다 중립적인 대표자라기보다는 발전과정에 있어 보다 자주적인 활동자로서 국가"에 주의를 기울이게 되었다고 하면서 거센크론 (Alexander Gerschenkron)의 후발자본주의사회에 있어서 국가의 큰 역할, 로소브스키(Rosovsky)의 일본국가의 역할에 대한 강조를 지적했다. 이어서 존슨(Chalmers Johnson) 등의 '발전국가'(development state), 뮈르달(Gunnar Myrdal)이 탈식민지화한 동남아시아국가와 연관하여 언급한 연성국가(soft state)에 대하여 언급한다.

그러면서 저자는 이같은 개념들이 사람들이 "외래국가의 완전한 통제 아래 있는 식민지 상황에 그같은 개념의 적합성에 대해 의문을 표시할 것"이라고 하여 식민지 상황에 놓여 있던 한국과 같은 나라에 그같은 개념의 적용에 의문이 있을 수 있다고 인정하면서도, 그에 대해 별다른 대안제시 없이 넘어가고 있다. 그러면서도 그는 "일본 식민지행정에 '강력국가'의 개념을 적용하고 1945년까지의 경제적 지시의 방법을 탐색"하겠다고 일방적으로 선언한다.[5]

---

[5] 이같은 저자의 태도에 대해 評者는 "문제만 제시하고 해답은 제시하지 않는다"고 언급했다(Mitsuhiko Kimura의 위 저서에 대한 Review, *The Economic Review*, Vol.45, 1992, p.450).

이같은 문제의식을 가지고 저자는 "적은 수의 토착 사업가들은 지역자원과 국가(총독부)의 지원을 결합하여 제3의 대안—즉 토착적으로 소유되고 경영된 대규모 기업"을 선택했는바, 자신은 이들을 예속자본가로 보며, '식민지경제 주요분야에 있어 탁월성'(13쪽)이라는 기준을 가지고 한일/동일은행의 민대식·민규식 형제, 화신의 박흥식, 경성방직의 김연수를 분석대상으로 삼았다고 밝히고 있다. 또 이들의 기업활동을 분석한 결과 일제 말기 마지막 10년간 그들의 투자가

① 내부의 핵심으로 가족에 의해 소유된, 대개 농업이나 부동산관계 기업,
② 관리의 책임이 따르는 복합적 주식회사에의 투자,
③ 중규모 합작회사에의 관리책임이 없는 보다 작은 수준의 투자,
④ 한국 내 일본인 기업에서의 활동

으로 이루어져 있다고 말하고 있다. 이같은 기업활동의 구분은 그의 뒤의 분석에 있어 매우 중요한 틀이 되어, 이 책에서 다루는 세 집단의 자본가를 분석함에 있어 반복적으로 이용되고 있다.[6]

2) 식민지 한국의 상황

2장 "온건자본주의," 3장 "식민지정부"(즉 조선총독부), 4장 "일

---

[6] 이같은 투자유형 분석은 이후 본서 곳곳에서 언급되고 있다. 뒤에 나오는 ①~④ 유형의 투자는 바로 이것을 지칭하는 것임을 밝혀 둔다.

본의 투자"에서는 한국의 예속자본가들이 등장하여 기업활동을 해야 했던 당시 식민지 조선의 정치·경제적 환경을 다루고 있다.

2장에서는 1919년 3·1운동 이후 민족주의적 열망 속에서 '경제적 민족주의'가 등장하게 되었음을 지적하고, 소위 문화통치기의 비교적 자유로운 분위기 속에서 토착경제 형태에 대한 논의가 시작되었다고 한다. 이에 이어 물산장려운동을 소개하고, 이를 둘러싸고 일어났던 온건 민족주의와 좌익 사이에 있었던 대립·논쟁을 소개하고 있다. 여기서 필자는 당시 좌익들은 한국에서의 자본주의의 발전을 반대했으나, 당시 한국이 처해 있던 식민지라는 상황에서 지지를 얻지 못했다고 파악한다. 이광수는 물산장려운동과 연결된 온건자본주의의 주장을 가장 잘 대변한다고 보았다.

이같은 분위기 속에서 실업가들의 현실주의적 수사가 설득력을 갖게 되었는데, '제한된 자주성의 한국자본주의'라는 이념이 대기업의 유지에 도움이 되었다고 한다. 결국 이들의 성장은 이들이 식민지에서의 기업경영을 합리화하는 데 성공했음을 보여주는 것이라고 한다.

3장은 당시 일제의 국가전략, 그 아래 조선총독부의 식민지지배 정책을 전반적으로 다룬 것이다. 즉 조선은 일본에게 "대륙으로부터의 침략에 대한 완충지대, 만주와 중국으로의 확대를 위한 기지"였는바, 총독부는 조선을 제국 내의 자족적 식민지, 나중에는 만주로의 진출을 위한 전진기지로 만들기 위해 경제발전에 노력했다는 것이다. 이때 일제 식민지국가(조선총독부)는 주로 법률과 주요 수송, 하부구조의 개발을 통해 시민사회에서의 경제적 관계를 구축하려고 했다. 저자에 의하면 일제 식민지지배의 한

면모는 "총독부의 권위에 의해 발표되고 실행에 옮겨진 법률을 통한, 국가주도의 변화를 추구하는 세심한 과정"이라고 보고 있다. 그 결과 일본의 메이지유신 과정에서 결과한 것과 유사한 자본주의적 틀, '국가와 기업의 관계'를 한국에서도 만들어내는 데 상당히 성공했다고 본다.

조선총독부는 법령 제정을 통해 반도 자본주의의 성격을 규정했는데, 토지조사사업을 통한 사유권 확립, 회사령 등은 그 중에서 가장 중요한 것들이다. 이 밖에 조선총독부는 재정과 관련된 민사법을 바꾸고 자본과 신용의 자원동원에 영향을 끼치는 법률의 제정뿐만 아니라 그 자신의 엄청난 투자재원을 가지고 식민지경제에서 핵심적 역할을 했다. 이 밖에 동양척식주식회사, 조선식산은행과 같은 정부투자기관을 통해 경제를 통제했다고 한다. 한편 총독부는 사업가들의 조직인 경성상공업회의소에도 깊숙이 개입했다. 한국인 사업가들도 동등한 대접을 받지 못하긴 했지만 여기에 참여함으로써 일인 사업가는 물론 관료들과 접촉할 수 있었다.

결국 여기서 묘사된 식민지국가의 모습은 식민지 한국에 있어 기묘한 일본식 자본주의의 모델을 암시하는 것이다. 사유재산과 제한된 경제적 권리의 원리는 법에 의해 보호되었다. 그러나 국가는 사기업을 세밀히 간섭하면서 본국으로부터의 투자를 장려하고, 약간의 기업을 제외하고는 한국기업들이 주요 경쟁적 사업에 참여하는 것을 배제했다고 한다.

다음으로 4장에서 저자는 경제학자이자 식민학자인 야우치하라(矢內原忠雄)의 "일본자본의 반도침략은 일본의 자본주의적 구조로 한국을 동화한 것에 상당한다"는 말을 인용하면서, 문화적으로 반도에서 무엇을 달성했든, 그들은 국가와 사기업간의 친밀한 관계라는 모델을 이식하는 데는 상당히 성공했다고 하여, 해방 후 한국의 정부와 재벌간의 관계가 일제시기에서 연유한다고 말하고 있다. 일본 재벌의 경우 가족의 소유권·경영권 장악이 한 특징인데, 메이지시대 기업가들은 정치적 영향력을 확대해 나가 1920년대에 들어가면 정당, 관료조직에서 중요한 지위를 차지하게 되었다고 한다. 이 밖에도 기업인단체 등을 통해 경제정책 결정과정에서 중요한 역할을 했다고 한다.

자본가들의 영향력이 이같이 큰 것은 사실이었지만 그래도 정부의 힘이 더 강대했는데, 식민지시기 한국기업의 경우는 더 그러했다고 한다. 또 일본 재벌들은 결혼, 인간관계 등으로 재벌-정부가 맺어져 있었던바, 이같은 양상은 한국에도 영향을 끼치게 되었다고 한다. 이 밖에도 이들 회사의 조직과 활동방식 등은 한국의 기업들에게도 큰 영향력을 끼칠 수밖에 없었다.

한편 일본 재벌들은 한국에 들어와 독점적 위치를 차지했는데, 홍삼독점권으로 유명했던 미쓰이, 중공업·광업 등에 투자했던 미쓰비시, 일제의 군사전략과 연결되어 수력전기, 중화학공업에 투자한 닛폰질소는 대표적인 존재였다. 한국 대기업의 규모는 이들과 비교가 되지 않았다. 한 예로 경성방직은 식민지 말기 조선방직과 같은 규모였지만 일본 대방직자본과는 비교가 안 되었다. 또 일본의 거대 무역회사를 빼도 한국자본은 전체 상업회사 불입자본금의 1/4에 지나지 않았다.

3) 대상 기업의 분석

5~7장은 이 책의 핵심이라 할 3개 기업군의 형성에서부터 기

업활동, 성장과정의 특징 등을 다루고 있다. 저자가 서두에서 밝힌 분석시각 때문에 당연히 일제 또는 조선총독부의 경제정책, 그에 대응하는 기업가들의 행동방식 등이 검토된다.

우선 민씨 형제들의 경우, 민대식 일가의 계성상회는 충청, 경기에서 농업을 경영했고, 동생 규식은 영보산업을 소유했으며, 두 가족이 공동으로 영화산업을 소유했다고 한다. 영보산업은 가족의 농업과 도시에 있는 부동산을 관리했다. 영보산업은 다시 영화산업, 한성면직, 조선견직의 지주회사 역할을 했다고 한다.

이 중 조선견직은 1923년 자본금 17.5만엔으로 설립했다가 1941년 20만엔으로 증자하고, 1943년에는 다시 50만엔으로 불입금이 증가했다. 여기에는 일본 자본가들도 참가했다. 처음에는 가족소유였으나 식민지 말기에 이르러 주식회사가 되었다고 한다. 이 밖에도 민규식은 경영책임이 없는 앞의 ③유형의 한국기업에도 투자했다. 또 그는 만주에서의 농업・상업에도 관심이 있어 일본회사에도 투자를 했다고 한다.

그의 동생 민대식은 일본기업에의 투자 ④유형으로 악명이 높았는데, 조선토지개량과 경성전기에서의 발군성과 오바시(大橋新太郞)와의 유대는 일인 투자가 속에서의 그의 지위와 신용의 증거가 되었을 것이다. 그러한 신용이 동일은행에 대한 그의 국가지원 요청을 뒷받침했다고 한다.

이같은 활동 속에서도 형제는 동일은행의 경영에 정력을 집중했다. 동일의 전신은 한일은행이었는데, 원래 1906년 한국 실업가들에 의해 세워진 것이었다. 이 은행의 경영권은 처음 백인기가 차지했으나 9년 뒤 민영휘에 의해 밀려나게 되었다고 한다. 민영휘는 1920년 자본금을 늘리면서 두 자식을 밀어 넣었으나, 민씨 집안의 이같은 은행사업을 확대하려는 열망은 다른 은행과의 경쟁과 정부의 지시로 좌절되고 말았다고 한다. 당시 토착 군소은행들 사이에서는 합병운동이 치열하게 일어났는데, 이는 폭넓은 재정적 기초와 연결망을 갖춘 조선상업은행, 한성은행과 경쟁하기 위해서, 다음으로는 1928년 2월 불입자본금을 2백만엔까지 올리라는 정부의 지침 때문이었다. 이것이 20년대 합병운동을 부추긴 요인이었다. 그 결과 민대식은 1931년 충청도의 호서은행을 합병할 수 있었다. 그러나 이것은 동일은행의 경영에 큰 영향을 끼치게 되어 1930년대 초반의 불황 속에서 1933년 은행을 재조직하지 않을 수 없게 되었다.

민씨는 이후 정재학의 경상합동은행을 합병하려 했으나 실패했고, 1942년 호남은행을 합병했으나 결국 경영이 부실해져 1943년 한성은행에 합병되고 말았다고 한다. 동일은행은 자금부족으로 점점 더 중앙은행에 의존할 수밖에 없었고, 결국 한성은행과의 합병이 생존의 방법이었다고 한다. 또 이미 1933년 재조직되면서 일인이 지배인, 경영인이 되었던 것이다. 당시 은행 경영은 중앙은행과의 자금순환이 생명줄이었던바, 이미 1939년부터 중앙은행이 은행의 경영을 철저히 통제하기 시작했다고 한다.

저자는 대표적인 매판자본가로 보고 있는 한상룡과 민씨가의 차이는 기업과 투자패턴의 차이라고 한다. 즉 민에게는 ①, ②유형의 투자가 있었는데, 한상룡은 그렇지 못했다는 것이다.

한편 문화적·구조적 요인들이 조선 후기 농업자본이 상업자본으로 전환하는 데 중요한 역할을 하는 상업의 발달을 저지하고 있었다. 귀족적인 민씨가의 금융에서의 실패 경험과 대조적으로, 선일지물과 화신상사의 기업활동은 국내·국외교역의 경험과 제조업의 연속성이라는, 평민들이 식민지기에 획득한 유산을 보여준다.

한편 상인으로 출발한 박흥식은 농업투자가 없어 ①유형의 핵심투자에 있어 민씨 형제나 김연수와 다른 양상을 보여준다. 그의 경우 초기 종이와 인쇄업이 화신백화점과 연쇄점을 위한 경험과 자금을 제공했고, 선일과 화신이 다시 1930년대 중반부터 다른 사업을 위한 자금과 인물을 제공했다. 그는 가문이 한미하고 서울에 기반이 부족했기 때문인지, 또는 사업을 늦게 시작해서인지 민씨 형제나 김에 비해 주식회사에 덜 참여하고 있다. 그 결과 ②타입의 자기 지도하의 주식회사 형태의 것은 1939년의 화신무역밖에 없다. 이는 한국에 있어 주요 해외 교역회사로서 박과 그의 조카가 주식의 27%를 소유하고 있었다. 이 밖에 경성방직, 현준호, 한성 및 동일은행도 주식을 소유하고 있었는데, 신출내기 박이 사업엘리트 내부로부터 도움을 받은 것은 상당한 성공이라고 할 수 있는 것이었다. 이는 또한 한국인 사업엘리트 사이의 상호 의존관계를 보여주는 것이다.

그는 이 밖에도 ③유형의 활동으로 금융·재정기관에 투자했다. 즉 동일·호남은행, 조선생명보험에 투자했고, 이 밖에 일인 경영 거대회사에도 투자했다.

당시에는 일인들이 조선의 도매업을 독점하고 있었지만, 박이 거대 도매회사의 경영진에 참여한 것은 중요했다. 대흥무역에 대한 투자는 그의 중규모 일인회사 투자 중 가장 중요한 것이었다. 식민지기 마지막 10년 한국인들은 최소한 3개의 큰 무역회사에서(조선무역진흥, 조선동아무역, 대흥무역) 한 자리를 차지했다. 이 회사들의 사장은 시부타니(澁谷禮治)였는데, 그는 와세다대학 출신으로서 처음에는 현양사에서 활동했다고 한다. 후에 조선은행에 참가했다가 후에는 대흥무역, 조선동아무역의 지배인으로 활약했다. 조선동아무역은 1941년 창설되었는데, 여기에는 김연수도

주주로 참여했다.

박의 투자에서 ④유형은 조선석유, 북선제지화학제조, 동척에서의 취체역, 그리고 1944년부터 조선비행기의 사장직을 포함한다. 명문 민씨 가문의 이력조차 신출내기 박흥식의 빛나는 취체역직 경력을 따르지 못하는데, 그가 왕자제지, 북선제지 화학공업에서 평의원에 선출된 것은 조선총독 우가키(宇垣一成)의 추천에 힘입은 것이라 한다.

그렇다면 박흥식은 이같이 다양한 사업에 어떻게 투자할 수 있었는가? 먼저 내부수준의 투자에서 나온 자본이 있었고, 다음 군사적 통제와 식민지 말기의 동원 우선은 그의 소매업과 인쇄업의 대규모 확대를 불가능하게 했다. 이 때문에 다른 자본가들의 사업에 투자할 수밖에 없었다. 이같은 사실은 신분에 관계없이 실용적으로 결합되는 내부집단의 존재를 보여준다. 어쨌든 ④유형의 박의 투자는 정부(총독부)와 관련을 가진, 야심적이고 성공적인 그의 사업가 이미지를 강화시켜 준다고 한다.

국가 및 일본 거대 회사자본과의 강력한 유대가 그의 사업의 핵심에 있었다는 사실은 그의 예속의 본질과 범위에 대한 의문을 불러일으킨다. 일제 말기 화신상회는 내외 상품의 시장을 확대했다. 상업에서는 자금공급이 중요한데, 여기에는 다시 국가의 역할이 중요하다. 박은 한국 및 일본 은행에서 자금대출을 잘 받았다고 한다. 화신연쇄점도 산업은행에서 3십만엔의 자금을 대출받아 1934년 시작한 것이었다. 또 상업에 대한 국가의 통제는 민씨가 투자한 금융분야보다 약했다.

그렇다면 궁금한 것은 박흥식이 어떻게 그같은 관대한 국가의 지원을 얻을 수 있었는가 하는 점이다. 첫째, 그는 자본을 생산적으로 이용할 수 있었다. 둘째, 성공적인 사업가 상은 정부, 즉 총독부가 조선경제가 발전했다고 선전하는 데 유익했던 것이다. 박은 국가의 정책에 자신의 사업을 잘 맞추었다. 1939년 화신무역을 만든 것은 일본이 만든 수송체계를 이용하여 화신상회의 영업을 해외로 확대하는 것, 바로 그것이었다.

마지막으로 저자는 7장에서 김연수의 기업활동을 다룬다. 앞에서 민씨 형제, 박흥식을 다루었으나, 민씨의 경우 일본자본과의 경쟁은 애초 불가능했으며, 박도 소매업에서는 경쟁할 수 있었지만 이윤이 많이 남는 대규모 도매업, 해외무역에서는 거의 경쟁이 불가능했다. 그러나 김연수에 의해 자본·기술집약적인 직물업계에서, 비록 식민당국의 협조가 있어 가능한 것이기는 했지만, 일본기업에 대항할 기업이 가능하게 되었으니 그것이 바로 유명한 경성방직이다.

경방은 초기에는 가족이 관련된 투자를, 나중에는 삼양사가 투자하면서 김의 소유와 경영을 유지할 수 있었다. 또 이윤이 생기는 일본인 회사(옥계골드, 경춘철도, 한강수력발전)에 투자함으로써 경방에 필요한 자금을 마련할 수 있었다.

산업분야에서는 금융분야만큼이나 국가의 역할이 큰 것인데, 국가는 차관, 보조금, 공장확대의 규정 등을 통해 간섭할 수 있었다. 김의 경우 국가의 지원을 확보하고 반도와 만주에서의 국가발전계획 속에서 발생한 틈새를 찾은 것이 성공요인이었다고 할 수 있다.

김연수의 기업활동과 국가의 관계를 보여주는 또 하나의 예는 삼양의 토지개간을 위해 82만 5천엔을 보조금으로 받았다는 사실이다. 이것은 조선상업은행 박영철의 추천으로 가능했던 것이다. 일본의 만주진출에 맞추어 시흥에서 실패한 공장확대 시도를 만주국과 교섭을 개시하고, 그가 만주국 명예영사직을 맡게 되면서 드디어 1939년 말 자본금 240만엔의 남만주방적주식회사를 건설할 수 있었다.

풍부한 자본기반, 생산성의 기록, 한일 기업인과의 관계망, 식민지국가와 산업은행과의 가까운 관계 등이 그가 일본의 국내·외 발전계획 속에서 성공할 수 있었던 이유였지만, 그러나 일제 말기 일인의 경영참가를 규정하는 법률이 시행될 때 김의 회사에는 일본인들이 매우 적었다고 한다.

"김연수가 운영한 기업들의 식민지기 25년간의 생존과 성장은 오늘날 한국 산업조직에도 계속되는 기업의 유형을 확립했다. 오늘날 소유와 경영의 집중, 국가와의 눈에 띄는 관계와 같은 재벌들의 특징은 이미 김의 일제시기 기업에도 나타나고 있다. 김과 국가와의 관계는 처음 박영효, 박영철이 중재했지만 1930년대 후반 만주로 사업을 확장하면서 김은 국가와 직접적인 관계를 맺게 되고, 새로운 양상의 예속성을 보여주게 되었다. 김연수는 비록 부일협력자로 지명되어 재판에 부쳐졌지만 그의 남한의 자본주의에 대한 구조적·상징적 기여는 그를 일본기업에 투자한 한상룡이나 다른 매판자본가들과 구별시켜 준다."

4) 식민지 기업활동의 유산

8장 "유산들"에서는 일제시기 3대 기업가의 기업활동의 양상을 종합한 뒤, 그것이 어떻게 해방 뒤 지속되었는가를 검토한다. 결국 당시 토착기업가들은 식민지 상황에서 조선인이면서 동시에 사업에 성공적이어야 했다. 그들은 강력한 식민지국가와 일본재벌의 그늘 밑에서 그들 나름의 이념과 기업과 투자를 결합하여 해결해야 했다고 한다.

그들은 모두 상호 연관된 상이한 수준의 투자를 결합시켰는데, ①, ② 수준의 핵심기업에 자본을 집중하고 소유와 경영을 집중시켰다. 이와 함께 ③, ④ 수준의 투자는 중역직 또는 소규모 투자를 했는데 한·일 기업과의 연대와 정보를 위해 필요했던 것이다. 그런데 핵심기업에 있어 자본과 소유와 통제의 집중의 기원은 조선후기 거대지주의 경험에서, 또는 식민지적 환경이나 초기자본주의 발전에 있어서의 불안정성 때문인지도 모른다.

또한 식민지국가와의 거래에 있어 적응의 필요성은 국가-기업의 관계에 큰 영향을 끼쳤다. 국가와 연관된 기업의 강대함과 이들의 일본 재벌의 조선에서의 사적 사업에의 투자, 국가투자은행의 보조와 신용을 통한 투자, 전직관료의 사업계에서의 활약은 사적 영역과 공적 영역의 경계선을 흐리게 했다. 이같은 상호결합을 통해 식민국가는 전략적 목적을 달성하고 재벌은 이윤을 올릴 수 있었다. 상공인연합회는 재벌이 아닌 회원들의 이해를 조정했으며, 이같은 강력국가에 적응하기 위해 김연수 등은 만주국 명예영사직을 맡아 사업기회를 확보했다.

국내, 특히 해외투자에 대한 식민지당국의 보조금과 대출은 양자 사이의 이해의 일치를 암시해 주는바, 특히 토착 투자자들은 총독부의 정책결정과정에서 상담역을 맡았다. 또 강력한 식민지국가 및 막강한 일본 재벌과 관련해서는 토착인들의 연대가 필요했고, 또 이들 새로 성장하는 토착자본가들에게는 공통된 이해관계가 있었기 때문에 이들 사이에는 강한 결합이 생겨나게 되었다. 그리하여 이들은 상호간에 상대방 회사의 중역직을 맡았다. 이같은 내부집단은 하나의 축을 형성하여 자신들의 이사회 통제권을 장악했는데, 이것은 비우호적이고 불안정한 기업환경에 있어 매우 절실한 문제였다. 즉 불안정성, 강하고 간섭적인 정부를 상대하는 문제가 집중과 집단연대를 조장한 결과, 일본인 기업가와 우호관계를 유지하는 작은 토착 예속자본가의 핵이 생겨나게 되었다.

이같이 일본회사에서 일하는 매판이나 소규모기업 대신 예속자본이 존재할 수 있었던 것은 조선 내에 있었던 민족주의적 정서와 이들이 처음에는 농업, 후에는 상공업적 기업이라는 물질적 기반을 가지고 있었기 때문이다. 또 일본인들은 자국과 기후 등의 조건이 같은 한국에서 매판의 필요성을 덜 느꼈고, 총독부는 이들이 국가의 경제통제에 도전하지 않는 한 식민통치의 이익을 선전하기 위해 이들이 필요했던 것이다.

한편 이같은 기업에 있어서의 집중의 양상, 거대기업에 있어 가족 지배적 영향력, 기업과 국가의 밀접한 관계는 해방 후의 한국에도 지속되었다. 식민지 이전 한국이나 중국에서 국가는 농업 상층에 대해 상대적으로 약했으나 식민지기 국가관료제는 계급구조와 전체로서의 사회를 능가하는 힘으로서 등장했는데, 이 양식은 해방 후에도 지속되었다는 것이다.

즉 정부는 헌법의 규정으로 사기업에 간섭할 수 있었다. 한 미국 관계자는 국가사회주의로의 경사를 볼 수 있었다고 말했다고 한다. 1954년 수정에도 불구하고 미국식 시장경제제도를 성립시키려는 미국의 기대는 만족될 수 없었다고 한다. 국내산업을 장려하고 외국 경쟁자로부터 보호하기 위해 이승만정부는 생산, 세금, 무역통제를 실시했으며, 1954, 55년 완성 면제품 수입을 금지하기도 했다. 이와 함께 정부는 기술, 자본, 그리고 원료까지 통제를 가했다. 또 해방 직후 적산불하는 자본가의 성장에 중요한 역할을 했다. 여기에 또 국가는 신용과 외국원조에의 접근을 조절하여 자본의 집중을 조장했다. 국가는 전전의 재벌 재산을 분해하거나 또는 다른 재벌의 집중을 방해하지 않았다. 한국의 자본가들은 그러나 1963년 이승만정권과는 전혀 다른 박정희정권의 권위주의적 지시에 다시 적응해야 했다. 박정희는 부정축재 등을 공격하는 한편, 국가경제에 도움을 줄 장기 발전계획에 이들을 끌어들이려 했던 것이다.

3. 본서의 의의와 한계

이상에서 본서의 내용을 살펴보았다. 한국을 지배한 일제의 국가전략 및 식민지정권의 정치적 의도, 이같은 식민지 상황에서 한국의 대표적 기업들이 식민지정부와 어떤 관계를 맺고, 어떻게 기업활동을 구성했으며, 이들 기업가 상호간에 어떤 관계를 맺고 있었는지를 밝혀 보려 한 것은 개괄적이긴 하나 매우 값진 것이 아닌가 한다. 특히 이들 기업들의 투자를 4개의 유형으로 나누어 보고, 이들 상호간의 관련, 또 이들 각 수준의 투자가 이들 경제활동에서 차지하는 의미 등을 밝히려 한 것은 참신한 시도라고 생각된다. 특히 이들의 흥망성쇠를 국가권력과의 관련에서 살핀 점은 흥미롭다. 또 이들 사이에 연관이 맺어져 식민지시기 저명 경제인들의 내부집단(inner circles)이 형성되어 있었다는 점을 지적한 것은 매우 값진 것이라고 생각된다. 아직 초보수준에 있다고 할 경영사 연구분야에 있어 이같은 지적은 많은 시사점을 던져 주는 것이라고 생각된다. 그러나 본서가 안고 있는 문제점 역시 적지 않다. 다음에서는 이에 대해 간략히 살펴보기로 한다.

1) 분석초점의 모호성

　본서의 가장 큰 문제점은 분석초점이 흐리다는 것이다. 서문에 의하면 저자의 문제의식은 1960년대 이후 한국의 급속한 경제발전에서 보이는 국가의 눈에 띄는 역할의 연원을 찾는 것에서 출발하여, 식민지시기 국가와 기업의 관계, 또 식민지라는 특수한 상황에서 연유하는 매판자본인가 혹은 예속자본인가 하는 점을 밝힌다는 것이다. 그렇다면 저자의 분석도 여기에 집중되어야 할 터인데, 실제 서술에 있어서는 이같은 문제의식을 집요하게 추구하는 자세가 보이지 아니한다.
　상식적으로 생각할 때도 저자의 문제의식에 해답을 제시하기 위해서는 우선 본서에서 들은 대표적 기업가들이 총독부당국과 맺고 있었던 관계가 보다 심도 있게 파헤쳐질 필요가 있다. 이를 위해서는 총독부나 기업 내부자료의 발굴 및 사용이 필수적일 것이다. 그러나 본서에서는 그같은 자료의 이용이 전혀 이루어지고 있지 않다. 그러다 보니 정황적인 증거에 기초한, 충분히 예상할 수 있는 평범한 진단만이 내려지고 있을 뿐이다.
　또 필자의 말대로 이같은 일제시기의 역사적 경험이 해방 이후의 경제적 발전으로 연결되었다고 한다면, 해방 후 한국에 있어 기업가의 등장, 그들의 행동양식, 국가와의 관계가 보다 심도 있게 다루어져야 할 것이다. 그러나 여기서 보여주고 있는 것은 고작 제1공화국 시기 정부의 경제정책과 앞서 다룬 기업들의 이 시기의 기업활동에 대한 개괄적인 서술일 뿐이다. 저자가 서문에서 밝힌 경험의 전승문제를 다룬다고 한다면, 이 시기 정부와 기업간의 관계에 어떻게 일제 식민지시기의 경험이 되살아나고 있는가가 밝혀져야 했을 것이다. 그러나 한 발짝 더 나아가 생각해본다면 한국에서의 국가주도의 경제발전, 그 속에서 정부와 밀접한 관계를 맺으면서 발전하는 재벌의 등장이 60년대 이후의 경제발전과정과 유리될 수 없는 것이라고 한다면, 저자의 분석은 당연히 이 시기까지 연장되었어야 할 것이다.

2) 분석틀의 문제점

본서의 저자는 자신이 선정한 일제시기 한국의 대표적 자본가들을 라틴아메리카의 역사적 경험에 기초한 예속자본, 매판자본이라는 개념을 원용하여 성격규정하고 있다. 다음 저자는 여기에 다시 경제발전에 있어 국가의 역할을 다룰 때 고안된 발전국가, 연성국가의 개념을 끌어들이고, '조선총독부=강력국가'라는 개념을 별다른 설명 없이 도입하고 이를 기초로 이후의 분석을 진행하고 있다.

그러나 문제는 당시의 한국사회는 일제의 철저한 직접통치를 받는 식민지였다는 사실이다. 따라서 위와 같은 개념이 그대로 한국에 적용될 수 있는지는 저자의 말과 같이 의심의 여지가 있다. 그러나 저자는 이 의문에 대해 답을 제시하지 않고 넘어가고 있다. 특히 '조선총독부=강력국가'라는 규정은 일제의 조선총독부가 보통 일국을 대상으로 한 발전국가, 연성국가(軟性國家)와 비슷한 것으로 혼동을 일으킬 우려가 있다고 생각된다. 조선총독부는 한국이 아닌 일본제국주의를 대표하는 기구였으며, 그것이 추구한 것은 한국이 아닌 일제의 국가목표였다. 설사 그것이 다

양한 이해의 조정자 역할을 했다고 해도 그것은 일제의 국가목
표와 이에 대한 한국인의 대응과 관련된 것이었다는 것이다. 즉
이같은 개념으로는 양자 사이에 엄연히 존재하고 있던 민족적
모순을 파악할 수 없는 것이다.

3) 구체적 사실규명의 부족

다음 지적될 수 있는 것은 구체적 사실의 규명에 있어 부족한
점이 많다는 것이다. 저자는 사회학 전공자로 보이고, 따라서 구
체적 사실의 규명에는 약점을 가지고 있을지도 모른다. 그러나
사회학적인 이론구성은 풍부한 사실을 전제로 한다. 그러나 일제
시기 일제 또는 조선총독부의 조선에서의 목표가 무엇인지, 시기
별로 어떻게 바뀌어 갔는지, 또 그러한 정책들이 어떤 과정을 거
쳐 결정되었는지 현재 전혀 밝혀져 있지 않은 상황이다. 구체적
사실이 밝혀져 있지 않은 상황에서 개략적으로 알려진 사실을
가지고 이야기를 전개시켜 나갈 때, 거기에서 나오는 결론도 상
식적인 것일 수밖에 없다. 또 식민지당국의 상대자가 되는 이들
조선인 기업가들의 경영도 그 내부에서의 의사결정과정 등이 밝
혀지지 않는다면 그들이 대응양상조차 표피적인 것이 될 수밖에
없다.

4) 분석대상 기업선정에 있어서의 문제점

다음 지적할 수 있는 문제점은 본문에서 다룬 세 그룹의 기업

가를 연구대상으로 선택하는 과정에 있어서의 문제점이다. 이들 3인이 이 시기 중요한 자본가였다는 것은 분명한 사실이다. 그러나 현재 학계의 연구축적 상황은 이들이 속한 모집단의 실상이 전혀 밝혀져 있지 않다는 것이다. 식민지 조선에서 자본가집단이 등장하게 되는 정치·경제적 계기는 무엇이며, 그 규모는 어떠했는지 하는 것 등이 전혀 밝혀져 있지 않은 것이다. 이것이 먼저 밝혀지고, 또 여기서 3인이 차지하고 있는 위치를 밝혀야만 이들 선정의 정당성이 인정될 수 있을 것이다.

또 본서에서 선정한 세 명(집단)의 자본가도 각각 사회적 배경을 달리하고 있고 그것이 그들의 기업활동의 양상에 영향을 끼치고 있었음은 분명하다. 그렇다면 전체 한국인 토착자본가들의 행동양식을 규정하는 역사적·사회적 배경들이 먼저 밝혀져야 할 것이다.

마지막으로 지적될 수 있는 문제점은 저자가 누차 언급한, 이 책에 다룬 세 그룹의 자본가가 매판자본가가 아니라 예속자본가라는 주장은 양자의 개념 차이에 대한 분명한 기준의 제시도 없이 선언적으로 제시되고 있어, 이들의 성격을 이해하는 데 무슨 도움이 되는지 알 수 없다. 그러나 이같은 구별은 양자가 같은 뜻으로 사용되고 있으므로 무의미하다는 비평이 이미 내려지고 있으므로[7] 여기에서는 다시 다루지 않기로 한다.

필자가 보기에 이 책의 학계에의 기여 가능성은 바로 이들 3개 기업집단의 기업체 구성 또는 투자의 구성, 각 수준 투자 사이의 상호관계, 또 이들 기업인들 사이의 내부집단의 형성문제

---

7) 한 예로 Clark W. Sorensen, "Instruments and Consequences of Japanese Imperialism," *The Journal of Japanese Studies*, Vol.18, No.2, Summer 1991 참조.

등이 아닌가 한다. 이것은 이제까지의 연구에서 별로 밝혀진 바 없어, 보다 깊이 분석되었다면 이 시기 경제사 또는 경영사 연구에 큰 기여를 할 수 있었을 것으로 보인다. 그러나 객관적 사실의 발굴 자체가 부족하고 또 문제의식 자체가 분명하지 못하다 보니까 그러한 기여의 가능성도 없어져 버리고 말았다. 그러나 이같은 문제점은 저자만의 책임이라기보다는 국내 학계의 이 주제와 관련한 연구수준의 저열성에서 연유하는 것일지도 모른다. 따라서 저자의 문제제기를 받아 연구수준을 한 단계 높이는 것은 바로 우리들의 과제가 될 것이다.

참고문헌

조기준, 『한국기업가사』(1973, 박영사).
브루스 커밍스, 『한국전쟁의 기원』(1981, 청사).
장시원 편역, 『식민지반봉건사회론』(1984, 한울).
최장집 편, 『한국자본주의와 국가』(1985, 한울).
E. S. 메이슨 외, 『한국경제·사회의 근대화』(1985, 한국개발연구원).
이한구, 『일제하 한국기업설립 운동사』(1989, 청사).
Carter J. Eckert, *Offsprings of Empire*(1991, University of Washington Press).

콜과 라이만의 한국 현대자본주의발전사 연구
─ 경제성장과 민주주의 ─

이 행

1. 머 리 말

한국전쟁의 폐허에서 미국의 원조경제에 의해 연명하던 한국의 경제는 눈부신 고도성장을 거듭하여 OECD에 가입하자마자 다시 IMF구제금융에 매달리는 처지가 되었다. 1998년 말까지 마이너스 경제성장과 함께 실업자수는 2백만명을 넘어설 것이라는 전망이다. 가히 청룡열차를 탔을 때의 현기증을 느끼게 하는 상승과 추락이다. 비슷한 어지럼증은 정치적인 측면에서도 마찬가지로 느끼게 된다. 경위야 어떻든 민주적 헌정질서로 시작한 한국의 정치체제는 지난 반세기 동안 학생·시민혁명, 두 차례의 군사쿠데타를 겪은 후에 처음으로 여야간 정권교체를 거쳐 결국에는 민주적 정권으로 돌아왔다. 이렇게 반전에 반전을 거듭하는 급속한 정치·경제적 변동을 학자들은 어떻게 설명할 수 있을까? 미래를 예측할 것이라는 그들의 많은 이론들이 단지 사후에 얻게 되는 통찰력을 그럴 듯하게 모아 놓은 것은 아닐까?

현상의 변화를 따르든지 아니면 그에 앞서든지 간에 발전이론의 변천과정 역시 현상의 변화 못지 않은 굴곡과 반전이 내포되어 있다. 초기의 근대화이론은 제2차 세계대전 이후의 낙관적인 분위기 속에서 제3세계의 정치·경제적 발전을 추진하고 이끄는 이론적 노력이었다. 그것은 서구 선진자본주의국가들의 역사적 경험에 기초하여, 제3세계국가들에서 역시 경제성장(산업화)과 정치발전(민주화)이 상호 긍정적으로 연관되어 단계적으로 발전할 것이라는 믿음이었다. "잘사는 나라일수록 민주적 정치체제를 유지할 기회는 더 높다"는 S. M. 립셋의 가설은 경제성장과 민주화 사이의 상관성에 대한 근대화이론의 낙관적 견해를 잘 표현하는 것이었다.[1]

그러나 UN의 '발전의 10년간'(United Nations Development Decade)인 1960년대 제3세계 발전의 성과는 실망스럽기 짝이 없는 것이었다. 남과 북의 경제적 격차는 더욱 벌어졌을 뿐 아니라 많은 제3세계 나라들이 절대적 빈곤에서 허덕였으며, 정치적으로는 정치적 불안정과 군사독재정권의 등장이 예외적인 것이 아니

---

1) 1992년 게리 마크스와 래리 디아몬드가 편집한 *Reexamining Democracy*는 S. M. Lipset의 가설에 대한 포괄적인 이론적 검토를 담고 있다. 또한 제3세계의 경제성장과 민주화에 관한 주요한 업적을 이룬 D. Rustow의 민주화이론에 대한 광범위한 이론적 함의를 다룬 *Comparative Politics*, 97년 봄호도 흥미로운 논문들이 실려 있다.

라 일상적인 현상이 되었다. 근대화이론은 2개의 전선에서 심각한 도전에 직면했다. 하나는 미국 중심의 주류정치학 내에서의 근대화이론의 현실적 적실성에 대한 문제의 제기였고, 다른 하나는 라틴아메리카를 중심으로 한 제3세계 학자들로부터 시작한 종속이론으로서,2) 그것은 근대화이론의 현실적 적실성은 물론이고 그것의 이론적 전제에 대한 근본적인 회의를 반영하는 것이었다.

1963년 L. 파이가 사회과학연구평의회 비교정치분과 위원회 의장으로 선임되고 S. 헌팅톤이 동위원회에 참여하면서, 근대화이론의 제3세계에서의 민주주의에 대한 규범적 전망은 질서에 대한 강조로 전환되었다.3) "제3세계에서 공급부족인 것은 자유가 아니라 질서"라는 구절은 미국 정치학계에서의 이러한 인식의 전환을 선명하게 드러내는 것이었다. 헌팅톤은 제3세계의 급속한 근대화과정에서 겪게 되는 사회·경제적 변동은 정치체제의 제도화가 충분히 진척되지 않은 상황에서 정치적 불안정을 초래하게 되며, 이는 결국 정치발전이 아닌 정치적 쇠퇴로 연결된다고 주장했다.4) 따라서 헌팅톤은 정치발전을 근대화과정에서 촉발되

---

2) 미국 중심의 주류정치학계의 발전이론에 대한 종속이론의 공격은 1968년 A. G. Frank의 *Capitalism and Underdevelopment in Latin America*의 영문 출판으로 소개되기 시작했다. 프랭크는 제3세계가 처한 발전의 조건을 그들이 맺고 있는 선진자본주의국가들과의 관계와 역사적 조건에서 판이하기 때문에 지식과 기술의 전이에 따른 발전의 확산 주장은 근거가 없는 것이라고 주장한다.

3) O'Brien은 이러한 전환을 1960년대 정치발전론의 핵심적 특징으로 지적한다. Donald O'Brien, "Modernization, Order and the Erosion of a Democratic Ideal: American Political Science 1960~1970," *Journal of Development Studies*, Vol.8, No.2, pp.351-378.

는 사회·경제적 동원과 정치적 참여의 폭발이 야기하는 문제들을 처리하는 정치체제의 제도화 수준으로 정의한다.5)

제3세계의 경제성장에 대한 근대화이론의 낙관적 전망에 대한 보다 근본적인 도전은 종속이론을 위시한 급진이론으로부터 제기되었다. 근대화이론의 주장처럼 제3세계국가들이 선진자본주의국가들의 역사적 경험을 답습하는 결과는 발전이 아닌 저발전이라는 것이다. 이들에 따르면, 선진자본주의국가들의 역사적 경험과 제3세계국가들의 그것은 상호 시·공간적으로 분리되어 있는 것이 아니라 동일한 역사발전과정의 양면이라는 것이다. 따라서 제3세계의 빈곤은 제3세계국가들이 세계자본주의 경제체제에 편입되는 과정에서 야기되는 구조적인 결과이며, 선진자본주의국가와 제3세계국가들 사이의 종속구조가 유지되는 한 제3세계의 경제성장은 불가능할 뿐더러 오히려 경제발전이 아닌 경제적 저발전이 불가피하다는 것이다.6)

반전에 반전을 거듭한 한국의 경제성장과 민주화과정은 이러한 이론적 논쟁 사이에 매우 흥미로운 사례일 수밖에 없다. 60년대 제3세계에서의 군사정권의 만연과 경제적 침체가 학계에서 근대화이론의 이론적 타당성과 현실적 적실성에 대한 회의를 불러일으키고 있을 무렵 이미 한국은 고도경제성장과 정치발전의

---

4) Samuel Huntington, "Political Development and Political Decay," *World Politics*, Vol.17, No.3, pp.386-430.
5) *Political Order in Changing Societies*(New Haven: Yale Univ. Press, 1968).
6) Anadre G. Frank, "The Development of Underdevelopment," *Monthly Review*, Vol.18, No.4는 종속이론이 미국에 소개되는 효시적인 논문이었으며, 그와 함께 S. 아민, F. 카르도소, 팔레토 등 쟁쟁한 이론가들의 글이 널리 소개되었다.

새로운 경로로 들어서고 있었다. 1960년대 한국의 경제성장과 정치발전의 병행발전의 경험은 근대화이론의 편을 드는 사례로 보였으며, 콜과 라이만이 주목하는 시기가 바로 이 부분이기도 하다. 그러나 이후 한국의 고도경제성장과 권위주의정권의 등장, 경제위기와 민주주의정권 등의 다채로운 결합은 다양한 이론적 논점을 경험적으로 점검할 수 있는 흥미로운 사례를 제공한다.

콜과 라이만이 주목하는 1963년에서 67년까지의 한국은 경제성장과 민주주의라는 제3세계국가들에게는 힘겨운 목표를 추구하는 과정을 지나고 있었다. 콜과 라이만의 분석의 초점은 정치적 안정과 경제성장 사이의 연계와 그 성격에 맞추어져 있다. 즉 콜과 라이만은 한국의 경제성장의 원인을 경제적 요인뿐 아니라 정치적 요인과의 동태적 상호작용에서 찾는다. 달리 말하자면 한국의 급속한 경제성장과정은 경제적 과정인 동시에 정치적 과정이었다는 것이다. 그렇다면 이후 한국이 겪게 되는 정치·경제적 위기의 구조적 원인을 규명하는 데 콜과 라이만의 이러한 정치경제적 분석시각은 여전히 유효할까?

제2절에서는 『한국의 발전』의 이론적 틀이라고 할 수 있는 콜과 라이만의 정치경제적 시각의 주요 개념을 분석한다. 이들의 기본적인 인식틀은 경제성장과 정치발전 사이의 상관관계를 분석하기 위한 것이다. 이러한 이론틀이 한국의 경제성장 사례의 분석에 얼마나 유효하게 적용될 수 있는지 하는 문제는 일차적으로 이들이 사용하는 주요 개념들의 명료성과 일관성에 달려 있다. 따라서 제2절에서는 저자들이 사용하는 정치발전, 경제성장, 민주적 합의와 같은 주요 개념들을 분석적으로 검토할 것이다.

제3절에서는 한국의 경제성장을 정치와 경제의 상호작용의 결

과로 파악하는 저자들의 주장이 앞서 논의된 정치경제적 이론틀 안에서 얼마나 체계적으로 전개되었는지를 검토할 것이다. 보다 구체적인 초점은 정치발전과 경제발전 사이의 상관성, 그리고 양자 사이의 상호작용에 관한 저자들의 주장을 비판적으로 검토하는 데 있다.

마지막으로 경제성장과 정치발전 사이의 상호작용에 관한 저자들의 논의가 정치체제와 경제성장 사이의 상관성에 관하여 갖는 함의를 검토하는 것으로서 결론을 대신할 것이다. 급속한 경제성장이라는 정권적 차원에서의 뛰어난 수행능력이 권위주의정권으로의 경사와 정치적 자유의 제한을 정당화할 수 있을 것인지, 또 양자 사이에 여하한 긍정적인 상관관계가 있는지는 이론적 측면에서 여간 흥미로운 소재가 아닐 수 없다. 더욱이 이러한 논의는 현재 아시아의 경제위기상황에서 제기된 아시아적 가치와 민주주의체제에 관한 논쟁으로 확장될 수 있으며, 이에 관한 저자들의 논점을 『한국의 발전』에서 유추할 수 있을 것이다.

2. 『한국의 발전』의 분석틀 —— 정치경제적 접근

1) 문제의 제기

『한국의 발전』에서 콜과 라이만이 제기하는 문제의 단초는 1960년대 한국의 근대화가 정치발전과 경제적 성장이 동시에 진행된 매우 독특한 사례이며, 발전이론적 측면에서 중요한 논쟁점을 제공한다는 데 있다. 즉 권위주의정권과 경제적 빈곤이 만연되어 있는 제3세계의 현실에서 군사정권으로부터 민간정부로의 이행을 위한 탈권위주의적 노력이 경주되는 동시에 급속한 경제성장을 위한 경제적 구조변동이 일어난 1963~67년까지의 한국의 경험은 정치발전과 경제성장이 상호 길항적이라기보다는 상호 보완적으로 추구될 수 있는 목표가 될 수 있음을 시사한다는 것이 이들의 주장이다.

저자들은 1960년대 중반 한국에서 정치발전과 경제성장의 두 목표가 동시적으로 추구될 수 있었던 저변에는 정치적 역학관계, 국민적 가치관 및 경제구조의 전환이 자리잡고 있었다고 주장한다. 따라서 분석의 초점은 이들 세 요소의 상호작용 관계에 놓여 있으며, 이것에 초점을 맞추어 분석하는 것은 경제적 근대화를 위한 선결조건들이 어떻게 강제력에 의존하는 권위주의적 정권이 아닌 민주적 정치체제 내에서 충족될 수 있었는지를 검토하기 위한 것이다. 저자들은 이러한 안정적인 정치적 토대 위에서 60년대 한국의 급속한 경제성장을 위한 강력한 리더십, 혁신적 정책과 국민적 결의가 효과적으로 결합되어 작동되었다고 본다.

정치발전과 경제성장이라는 두 목표가 상호 보완적으로 추구될 수 있었던 과정을 저자들은 다음과 같이 요약한다. 군사정권으로부터 보다 개방적인 정치체제로 이행됨으로써 정책결정과정에 보다 폭넓은 참여가 가능해졌고, 그것은 경제적 성장과 효율성을 저해하기보다는 향상시켰다. 그 결과 이룩된 고도경제성장은 국민적 합의기반이 만들어질 수 있는 목표를 가시권 안에 들어오게 했고, 그것은 또한 민주적 합의와 정당성의 한계 내에서 정부의 권력과 권한의 강화를 요구하는 정치엘리트의 요구를 수용하는 기반이 되었다.[7] 즉 강력한 중앙집중적 정치권력은 고도

경제성장을 가능케 했고 그에 기초한 국민적 합의기반은 강력한 정치권력이 민주적 틀 안에서 작용할 수 있는 조건이 되게 만들었다.

그러나 이러한 정치발전과 경제성장 사이의 행복한 상호 보완적 관계가 영속적이라는 주장은 아니다. 문제의 핵심은 고도경제성장을 위한 선결조건들이 충족될 수 있었던 국민적 합의기반이 민주적 틀 안에서 여전히 유지될 수 있을 만큼 민간정부의 정치제도가 안정적인가 하는 점이다. 67년 3선개헌을 전후하여 이미 경제성장이 정치발전의 발목을 잡기 위한 합리화의 수단으로 사용되기 시작했고, 그것은 양자 모두에 부정적인 결과를 낳을 수도 있기 때문이다.

2) 주요 개념들 — 경제발전과 정치발전

콜과 라이만이 사용하는 발전은 질적인 개념이다. 제3세계의 관점에서 장기적인 경제성장을 가능케 하는 경제구조의 변동은 그것이 보다 많은 사람들에게 더 나은 생활수준을 가능케 할 뿐 아니라 대부분의 국민들이 바라는 것이기 때문에 바람직한 목표이다. 그러나 그것이 어떠한 희생을 감수하면서까지 추구될 지상의 목표일 수는 없다. 바로 이러한 측면에서 경제발전은 정치발전과 기능적으로 연결되어 있으며 가치함축적이라는 것이 저자들의 생각이다. 정치발전에 관해서 콜과 라이만은 "제3세계에서 경제구조를 근대화시키는 것을 가능케 하는 동시에 보다 많은

---

7) David Cole and Princeton Lyman, *Korean Development: The Interplay of Politics and Economics*(Cambridge: Harvard Univ. Press, 1971), p.9.

사람들이 경제성장의 과실에 접근할 수 있고 중요한 국가정책결정에의 참여가 가능케 되는 정치제도를 만들어 가는 과정이다"고 정의한다.8) 발전의 질적 측면에 대한 저자들의 이러한 이해는 강제가 아닌 합의에 의해 경제적 근대화를 위한 자원을 동원하는 것이며, 발전은 경제적·정치적 제도를 필요로 한다는 것이다.

콜과 라이만의 정치발전에 대한 질적 정의가 민주적 당위성에 기초한 규범적 측면과 경제성장에 상호 연계된 것으로 이해하는 기능적인 측면을 포괄하는 것이긴 하지만, 저자들의 강조는 경제성장과 연계된 정치적 안정에 놓여 있다. 헌팅톤의 처방대로 참여보다는 안정이 제3세계 정치발전에 우선한다는 주장과 함께, 저자들은 한 걸음 더 나아가 그것이 경제성장의 달성과도 기능적으로 연계되어 있다고 주장한다. 문제는 정치적 안정과 권위주의정권과의 상관성인데, 저자들의 해결책은 국민적 합의(national consensus)의 형성이다.

콜과 라이만이 주목하는 60년대 한국의 정치발전은 경제적 근대화에 대한 선결조건으로서, 그리고 그러한 선결조건을 강제가 아닌 합의와 설득에 의해 획득할 수 있는 정치체제의 수립이다. 60년대 새로이 등장한 정치엘리트들은 과거의 엘리트들보다 경제발전에 대해 보다 효과적이고 확고한 결의를 가지고 있기는 했지만, 동시에 정치적 통제에 있어 보다 권위주의적인 태도를 가지고 있었던 것도 사실이다. 따라서 저자들의 분석의 초점은 군사정부로부터 민간정부로의 점진적인 이행과 이 과정에서 표출되는 권위주의적 경향과 민주적 경향 사이의 갈등에 놓여 있다. 이러한 갈등적인 태도를 보이는 주요 세력과 집단으로 그들

---

8) *Ibid.*, p.2.

은 군, 관료, 정당, 언론, 학생 및 지식인들을 주목한다.

경제발전에 관한 콜과 라이만의 이해는 성장과 구조적 변동의 두 측면으로 구성되며, 60년대 한국의 급속한 경제성장과 구조적 변동의 원인으로 정책적 측면을 지적한다. 경제성장은 1인당국민총생산에 따라 측정되며, 구조적 변동은 국민총생산에서 각 산업분야가 차지하는 기여도의 시간적 변화로 측정한다. 1960년대 한국의 경제성장과정에서 특징적인 것은 다음과 같은 두 가지이다. 하나는 한국의 사례가 제3세계국가들의 경제성장과 경제적 구조변동의 일반적인 패턴으로부터 현격하게 차이를 보인다는 점이다. 식민지적 유산과 한국전쟁, 그리고 분단은 한국경제구조의 불균형을 초래했다. 60년대에 들어설 때까지 한국의 생산능력은 적절하게 활용될 수 없었다. 새로운 경제정책과 변화하는 외부적 조건이 새로운 수요와 공급의 균형을 가능케 했고, 비로소 한국의 경제적 능력을 극대화하여 고도경제성장을 이룩할 수 있었다.

다른 하나는 한국의 경제정책과 계획이다. 그것은 대다수 제3세계국가들의 그것과 많은 차이를 보일 뿐 아니라 과거 한국의 정책과 계획으로부터도 매우 벗어나 있다. 새로운 경제정책은 저축, 투자 및 생산에 있어서의 구조적 변동을 촉진하는 데 매우 효과적이었으며, 동시에 장기적 경제계획을 수립하는 데 있어 진지하고 정교한 노력을 하여 경제성장에 중요한 역할을 했다. 새로운 경제정책과 계획에 있어 매우 중요한 점은 경제발전의 과실에 대한 인식과 참여의 폭을 넓힘으로써 국민들의 긍정적인 정치적 반응을 만들어냈다는 점이다.

3) 정치발전과 경제발전의 상호작용

선진자본주의국가들의 역사적 경험으로부터 유추된 경제성장과 정치발전 사이의 상호 보완적인 관계는 제3세계의 현실에 부딪혀 그 이론적 타당성이 의심받기 시작했다. 그럼에도 정치발전의 요인이라고 간주되었던 다음과 같은 요인들은 여전히 산업화된 사회에 기능적으로 연관되어 있는 것으로 보인다. 즉 효과적이고 중앙집중적인 권위, 전문화된 행정능력, 보다 진전된 구조적 분화, 정치적 안정 및 국제정치에서의 효과적인 대처능력 등이 그것이다. 산업화된 선진자본주의사회뿐 아니라 제3세계의 현실에서도 역시 정치발전에 결정적으로 연관되어 있는 것으로 간주되는 두 개의 주요 요인은 신민적 태도에서 참여적 시민으로의 변화를 반영하는 정치적 참여의 확대와 평등에 대한 관심이다.[9]

정치적 참여의 확대가 규범적으로 정의된 정치발전에 있어서 필연적인 측면이긴 하지만, 그것은 동시에 정치체계 수행능력의 발전과 균형적으로 증가해야 한다는 조건이 붙는다. 급속한 근대화과정에서 다양한 사회세력들이 동원되고, 기대의 혁명에 따른

---

9) 콜과 라이만의 정치발전에 대한 이해는 기본적으로 미국 주류정치학계의 논지를 따른다. 저자들은 특히 정치발전을 D. 앱터의 동원체계에서 조정체계로의 변동으로 파악하는 데 동의하며(D. Apter, *The Politics of Modernization*, Chicago: University of Chicago Press, 1965), 동시에 사회과학연구평의회의 분화와 평등, 그리고 체계의 능력이라는 발전증후군 사이의 갈등에서 헌팅톤적인 체계의 능력과 정치적 안정을 강조한다.

정치적 참여의 확대를 수용할 수 있을 정도로 정치체계가 제도화되지 못할 때 정치적 불안정이 야기되기 때문이다. 반대로 정치적 참여의 수준이 억압되고 정치체계가 높은 제도화의 수준을 획득할 때 정치체계는 권위적으로 되는 경향이 있다. 식민지시대의 잘 발달된 강압적 국가구조를 유산으로 물려받은 탈식민지시대의 제3세계들에 있어서의 일부 독재정권들이 그러한 경우이다.10)

정치발전과 경제발전의 선결조건들은 상호 충돌하거나 최소한 각각 독립적으로 해결되어야 한다는 주장이 제기된 바 있다. 분배와 평등을 강조하는 민주주의와 경제성장이 상호 갈등적이라는 주장은 경제성장에 따른 소득 불평등의 누적이 저축을 제고시킴으로써 경제성장의 선결조건이라는 일부 경제학자들의 가설에 의해 지지된다. 또한 경제성장 자체가 정치적 불안정의 요인으로 지목되기도 하는데,11) 그것은 경제성장이 급속한 사회변동과 기대의 혁명을 촉발시킴으로써 제3세계의 미처 공고화되지 못한 정치제도에 지나친 부담으로 작용하기 때문이다. 경제성장의 다른 선결조건으로 지목되는 효과적인 중앙집중적 권력, 합리적인 행정 등에 대한 강조는 강력한 정당체계의 발전을 저해하고 폭넓은 정치적 참여를 제한함으로써 정치발전에 부정적인 영

---

10) F. Riggs는 정치체계의 능력과 정치체계에 대한 요구 사이의 간극이 넓으면 넓을수록, 경쟁적 가치들 사이의 대립은 더욱 폭력적이고 이데올로기적으로 된다고 주장한다. "The Dialectics of Development Conflict," *Comparative Political Studies*(July 1968), p.205. 시민사회의 참여와 요구수준에 비해 상대적으로 발전된 정치체계가 권위주의정권으로 되는 경향에 대해서는 H. 알라비의 과대성장국가론이 대표적이다.

11) Manun Olson, "Rapid Growth as a Destabilizing Force," *The Journal of Economics History*, Vol.3, pp.531-532.

향을 끼친다는 주장도 제기된다. 따라서 일부 학자들은 정치발전이 경제발전의 쟁점, 내용과는 독립적으로 접근되어야 한다고 주장한다.

정치발전과 경제성장 사이의 긍정적인 상관관계는 일반적으로 정치적 안정을 매개로 하여 논의된다. 제3세계의 산업화와 경제성장은 국내외 투자에 기초한 자본의 축적 및 인적 자원의 동원을 수반한다. 국내외 투자의 유치 및 이를 산업자본으로 전환하는 데는 장기적 투자안정성이 필요하며, 이에 정치적 안정은 매우 중요한 투자조건으로 대두된다. 그러나 급속한 산업화과정에서 동원된 인적 자원은 노동자계급과 도시빈민의 집중현상을 가져오고, 이는 정치적 불안정의 원인이 된다. 이에 제3세계 정부는 소외계층을 정치·경제적으로 억압하거나 아니면 이들의 계급적 이익을 적극적으로 수용함으로써 이들을 중요한 정치적 기반으로 삼을 수도 있다. 전자의 경우는 권위주의정권에 의해서, 그리고 후자는 민중정권에 의해서 채택되는 전략이라고 할 수 있다.

노동자계급과 소외계층에 대한 정치·경제적 배제와 억압을 통해서 국가의 물리적 강제력에 기초한 정치적 안정을 추구하게 되는 경우 그러한 정권의 민주성은 희생될 수밖에 없으며, 자유보다는 빵이 우선한다는 경제성장 제1주의가 권위적 정치체제의 합리화를 위한 이데올로기로 자리잡게 된다. 정치적 안정을 매개로 한 정치발전과 경제성장 사이의 상관성에 관한 논의는 정치발전의 규범적 측면이라고 할 수 있는 참여와 평등에 대한 강조를 우회함으로써 제3세계에서의 민주주의를 정책적 우선순위의 낮은 곳에 놓는다. 제1절에서 논의되었던 근대화이론에 대한 헌팅톤의 안정과 질서를 강조하는 정치쇠퇴론은 이러한 변화된 시각의 이론적 발판이라고 할 수 있다.
 콜과 라이만의 『한국의 발전』에서의 정치발전과 경제성장에 관한 논의 역시 저자들의 조심스러운 한정에도 불구하고 이러한 헌팅턴 류의 보수적인 시각에 기초하고 있다. 우선 저자들은 이론적인 측면에서 경제성장이 어떠한 희생을 치르면서도 추구되어야 할 지상과제일 수 없으며, 경제성장의 과실에 대한 참여를 보장하는 정치발전이 경제성장에 병행되어 진행되어야 한다고 강조한다.12) 그러나 한국의 경제성장에 관한 논의에 들어가면 그 원인을 공화당정부의 권력집중(전폭적인 정치·군사적 지지)과 박정희의 강력한 개인적 리더십과 경제성장에 관한 신념에서 찾고 있다.
 콜과 라이만이 앞서의 규범적 차원에서 정의한 정치발전과 경제성장을 이룩한 박정희정부의 권위주의적 경사 사이의 긴장을 해소하는 방법은 크게 다음과 같은 두 가지 논점에서이다. 하나는 콜과 라이만이 『한국의 발전』에서 매우 중요한 전기로 지적하는 한일국교정상화를 둘러싼 위기상황하에서 정부와 지식인, 언론, 학생 사이에 이루어진 정치적 타협이 정부 내의 권위주의적 정향을 가진 세력의 대두를 방지했다는 주장이다. 즉 전폭적인 군부의 지지를 배경으로 해서 박정희정부는 야당과 민주세력의 비판에 단호한 대응을 할 수 있었던 동시에, 이러한 대응에 기초한 정치적 타협은 군부를 위시한 권위주의적 세력이 전면으로 등장할 빌미를 주는 것을 차단했다고 지적한다. 반면 집권세력의 입장에서는 정권의 정통성에 도전하는 야당세력은 물론 지식인, 언론 및 학생세력의 비판에 대하여 물리적인 힘만으로는

---

12) 『한국의 발전』의 서론.

위기를 극복할 수 없음을 인식했다는 점이다.13)

60년대 박정희정부 내에 존재하던 권위주의적 세력은 급속한 경제성장의 성공에 힘입은 국민적 합의의 형성으로 순치될 수 있었다는 주장이다. 저자들의 표현을 인용하자면, "경제성장정책과 그것의 추진과정에서 정부는 정부와 국민 대다수 사이에 공통의 이익과 그것을 추구하는 상호작용을 발견했으며, 또한 개방적이고 자유로운 선거라고 하는 민주적 절차에 의해 정치권력이 정당화될 수 있는 기반을 발견했다."14) 달리 표현하자면, 민주정부의 요체라고 할 수 있는 절차적 정통성은 박정희정부의 성공적 경제성장에 기초한 '업적에 의한 정통성'(legitimacy through performance)에 의해 대체되었다는 것이다.

따라서 콜과 라이만의 『한국의 발전』에서 정치발전과 경제성장 사이의 상관성에 대한 주장은 박정희정부의 권위주의적 경향이 경제성장을 가능케 하는 데 핵심적 역할을 하기는 했지만, 그것이 정치세력의 전면으로 등장해서 권위주의적 정권으로 연결되지는 않았다는 것이다. 저자들은 이러한 과정이 정치발전과 경제발전이 상호 보완적으로 만들어졌다고 인식한다. 즉 당시 집권세력의 자발적인 절제와 선택에 의해서 양자 사이의 상호 보완성이 가능해졌다는 주장이다. 콜과 라이만은 정치발전과 경제발전 사이의 상호작용에 초점을 맞추는 것이 어떻게 양자가 상호 보완적으로 '작용하도록 만들어질' 수 있는가를 이해하는 데 유력한 전략이라고 주장한다. 왜냐하면 경제발전은 소수의 정치엘리트가 추구하는 목표일 뿐더러 다수의 국민들이 요구하는 것이기 때문에, 공공적인 쟁점으로서 정치적 요인이 될 뿐 아니라 정

---

13) *Ibid.*, p.75.
14) *Ibid.*, p.239.

치제도의 발전에 있어서 긍정적으로 작용하는 정치적 요인이 되기 때문이다. 양자가 '상호 보완적으로 만들어진다'는 구절은 정치발전이나 경제발전의 일방적 추구가 다른 하나를 자동적으로 가져오지 않는다는 데 있다.

집권세력의 자의적인 선택에 의한 한국의 정치발전은 민주주의의 제도적 차원의 문제를 해결할 수는 없다. 군부를 위시한 집권세력 내의 권위주의적 정향, 정치적 자유에 대한 지속적인 제한 및 남북분단 상황이 야기하는 안보문제 등은 한국에서의 지속적인 정치발전뿐 아니라 경제발전에도 저해요소로 작용할 수 있다는 것이다. 더욱이 한국의 성공적인 경제성장의 결과이기도 한 새로운 문제들의 해결에 있어서 허약한 한국의 민주적 제도가 얼마나 효과적으로 대응할 수 있을지, 위기를 넘어서 살아남을 수 있을지 하는 문제들을 저자들은 정치엘리트의 선택의 문제로 남겨 놓는다.[15]

3. 상호 보완적으로 작용하도록 만들어진 정치발전과 경제발전 — 한국의 경험

1) 새로운 리더십과 행정부 우위의 확립

1961년 쿠데타를 통해 한국에서 군은 수백년 만에 처음으로 새로운 정치엘리트로 등장했다. 군부의 정치개입이 만연된 60년

---
15) Ibid., p.240.

대 제3세계의 경험에 비추어 보면 한국의 쿠데타가 그렇게 놀라울 만한 사건은 아니었지만, 그 결과는 제3세계의 그것과는 매우 판이한 것이었다. 콜과 라이만은 먼저 한국 군부의 특징을 다음과 같이 요약한다.16)

첫째, 한국의 군부는 다른 제3세계 군부와는 달리 과거 식민지 정권과 관련되지 않았으며 한국전쟁의 산물로 나타난 집단이라는 점이다. 그것은 과거 부정적인 식민지적 유산으로부터 자유로웠을 뿐 아니라 동시에 한국전쟁의 고난을 거친 군은 대부분 징병제도를 통해 폭넓은 계층으로부터 충원되어 대다수 국민들로부터 긍정적인 이미지를 받고 있었다. 이러한 군부의 대중적 이미지는 민간정부로의 이양 이후 박정희정부가 계승했다.

둘째, 한국전쟁에 대한 미국의 전면 개입의 결과, 한국의 군부는 미국의 영향에 가장 많이 노출되었다. 한국의 군부는 미국식 기준에 따라 조직되고 훈련되었다. 따라서 조직운영이나 기율 등에 있어서 다른 정부기관이나 교육제도보다 훨씬 '근대화'되어 있었으며 이들의 경영적 기술이나 기술적 성격이 정부의 운영에 반영되었다.

셋째, 자유당정권의 부정부패에 관련되어 있던 군부의 최상층부와는 달리 군사쿠데타의 주역인 대부분의 영관급 장교들은 한국의 정치엘리트들로부터 유리된 집단이었다. 한국의 군부는 전통적인 엘리트집단으로의 접근통로는 아니었으며, 전통적인 엘리트로의 신분상승 통로로부터 소외되어 있던 젊은이들이 군부 내에서의 직업적인 성공을 추구하게 되었다. 더욱이 대부분의 젊은 장교들이 농촌출신이라는 점이 서울을 중심으로 한 전통적인 기

---

16) *Ibid.*, pp.33-41.

득권계층으로부터 단절된 집단이었음을 의미했다.

　이러한 한국 군부의 특성은 육사 8기를 중심으로 한 영관급 장교들에 의해 준비되고 실행된 군사쿠데타의 성격을 가늠하는 데 중요한 지표를 제공한다. 그것은 무엇보다도 학생혁명 이전의 질서로 복귀하고자 하는 반동적인 시도가 아니라 학생혁명의 혁명적 정신과 목표를 계승하고자 하는 시도였다는 점이다. 동시에 군사쿠데타의 지도부가 내세우는 성격이 매우 혁명적이고 민족주주의적이기는 했지만, 실제에 있어서 그들은 비록 권위주의적 통제를 선호하기는 했지만 이념적이라기보다는 매우 실질적이고 경영적인 입장을 견지했다.

　새로운 군부지도자들은 자유당정부의 미국에 대한 의존이나 허황한 통일에 대한 레토릭보다는 경제발전을 국가적 목표를 달성하는 데 있어 결정적인 관건으로 이해하기 시작했으며, 군사정부하에서는 '민중적'인 입장을 취하기까지 했다. 군사정부의 새로운 지도자들은 정치·경제적 개혁에 신속히 착수했다. 그들은 기존의 정치엘리트들을 배제했으며, 정치활동의 폭을 제한함으로써 장면정부하에서의 정치적 불안정의 요인이 되었던 무책임한 선동정치와 시위를 차단했다. 특히 '진보적'이거나 좌경적인 정치활동이 엄격히 제한되는 극우적인 정치적 입장을 채택했다. 결과적으로 기존의 전통적 엘리트들은 배제되었으며, 새로운 정치엘리트들이 혁명적인 개혁과 국가발전의 과제를 자임하게 되었고, 좌파 정치인들과의 이념적 갈등요인을 완전히 봉쇄한 채 보다 제한된 정치적 범위 안에서, 그러나 보다 확고한 행정적인 수행능력을 바탕으로 60년대 한국사회의 모습을 결정지어 나갔다.

　콜과 라이만이 군부지도자를 중심으로 한 새로운 리더십의 등장과 함께 『한국의 발전』에서 주목하는 바는 행정부의 강화이다.

군사쿠데타의 중심세력이었던 영관급 장교들은 중앙집중적이고 고도로 통제된 정당을 통해 정치권력을 장악하고자 한 반면, 고급장교들은 행정부의 장악을 통해 권력을 유지하고자 했다. 그 결과 혁명적이라기보다는 보다 경영적인 태도를 가지고 있던 고급장교들이 행정부에 대거 유입되고, 이들은 행정부에 새로이 영입된 민간 전문관료들과 연합함으로써 행정부의 수행능력을 강화했고 공화당에 대해 우월한 지위를 차지하게 되었다.

초기 군사정부의 권력이동 과정에서 행정부의 강화에 결정적인 요인이 되었던 것은 박정희 자신의 정치인으로서의 대중적 호소력의 결여와 정치에 대한 불신이었다. 박정희는 경영적이고 행정적인 측면에 경사되어 있었기 때문에 정당보다는 행정부의 능력을 강화하는 데 노력을 기울였다. 행정부 권한의 강화와 정치적 안정은 관료주의를 활성화시켜 기술적인 수행능력을 높였고, 조직운영상의 효율성을 강화·제고시켰으며, 보다 잘 훈련된 민간관료들이 대거 행정부에 충원되기 시작했다. 행정부 강화와 함께 전문 관료조직이 활성화되었다. 해방 이후 한국에서 교육받고 한국전쟁 이후 미국에서 교육을 받은 유능한 젊은 관료들이 이승만정부하에서의 고급관료들을 대체했다.

콜과 라이만은 행정부의 공화당에 대한 우위가 확립되고 안정되는 중요한 계기를 1964년 한일국교정상화를 둘러싼 학생시위의 와중에서 이루어진 내각 개편에서 찾는다. 정치적 희생양이나 단순한 행정가의 역할을 넘어서 1964년 내각은 지속적인 정책입안과 추진을 담당하는 역할을 하게 되었다. 뿐더러 박정희는 각료들이 공화당에 입당하게 해달라는 당측의 요청을 거절함으로써 내각의 당과의 관계를 차단했다. 따라서 1964년 내각은 기술적이고 전문관료적인 역할은 물론 대통령을 공화당의 영향력과,

행정부에 미치는 제반 특수 이익집단의 영향력으로부터 차단하는 정치적 수단이 되었다고 지적한다.17) 행정부 강화와 함께 저자들이 관찰한 박정희정부의 또 하나의 중요한 경향은 국가와 시장 사이의 관계인데, 이것은 60년대 한국의 급속한 경제성장의 실현과정에서 매우 중요한 요인으로 작용했다. 즉 초기의 군사정부하에서 실시된 경제정책의 실행과정에서 새로운 정치엘리트들은 경제문제에 적극적인 간섭을 시도했다. 화폐개혁이나 농가부채 탕감정책 등에서 보였던 것처럼 정부는 이러한 경제적 문제들의 해결을 정치권력의 행사를 통해 시도했다. 이러한 초기의 경제정책의 에피소드들은 제반 경제문제들이 행정적인 지침과 명령에 의해 해결될 수 있다는 군부지도자들의 믿음을 잘 반영하는 것이었다.

2) 정치적 타협

민간정부로의 이행 이후 한국의 정치는 여전히 권위주의적 경향과 민주주의적 경향을 가진 정치세력 사이에 충돌의 여지가 남아 있었다. 새로이 출범한 공화당정권에 드리워진 짙은 의혹은 과연 민주주의를 실현시킬 수 있는 의지와 능력이 있는가 하는 점이었다. 지식인과 언론 및 학생은 민주주의의 이상에 대하여 가장 강렬한 의욕을 가진 사회세력이었고, 민주주의가 위협받을 때 가장 중요한 저항세력이었으며, 민주주의를 위한 여론형성의 중심세력이었다. 군부와 관료 및 농촌지역의 주민들 역시 앞의

---

17) *Ibid.*, p.44.

집단들처럼 민주주의에 대하여 견고하고 구체적이지는 않았지만, 민주주의의 이상과 원칙에 대하여 일반적으로 호의적인 태도를 가지고 있었다. 민주주의에 대한 이러한 전반적인 사회세력들의 긍정적인 태도와 의지는 60년대 한국의 정치적 환경을 형성하는 데 매우 중요한 요인이었다.

60년대 한국의 민주발전에서 콜과 라이만이 주목하는 가장 중요한 전기는 한일국교정상화를 둘러싼 위기와 그것의 극복이었다. 민주적인 장면정부를 전복시킨 군부세력이 중심이 된 공화당정부의 민주적 의지에 대해 의혹과 유보적 태도를 견지하고 있었던 지식인, 언론, 학생들을 중심으로 한 '민주화세력'과 민주주의의 소모적 측면과 비효율성에 대해 부정적 태도를 가지고 있었던 집권세력 사이의 갈등은 한일국교정상화를 둘러싼 국론의 분열과 위기상황하에서 정면충돌의 경로로 들어서고 있었다. 위기상황하에서 당시 집권세력 내의 권위주의적 정향과 '민주화세력'의 무책임한 극단주의적 정향이 강화되어 양쪽이 전면에 등장하여 충돌했다.

한일국교정상화를 둘러싼 위기상황에 걸린 쟁점을 당시 집권세력은 공화당정부의 정통성에 대한 도전으로 인식했으며, 무책임한 정치적 선동과 시위의 빈발로 점철되었던 장면정부하에서와 같은 '민주주의'로 돌아가는 것은 용납할 수 없는 것이었다. 그것은 당시 정부의 당면과제였던 경제성장을 추구하는 데 필수적인 정치적 안정을 해치는 것이라고 인식했다. 더욱이 당시 야당은 국익을 희생시키면서 파당적 이익을 위해 한일국교정상화의 쟁점을 이용한다고 여겼으며, 일부 야당세력은 1963년 대선 패배에 대한 앙갚음으로 극단적 반대의 태도를 취하는 것으로 이해했다. 반면에 한일국교정상화 협상에 반대하는 세력은 정부의 '굴욕외교'에 분노했다. 식민지 경험이 생생히 남아 있던 당시의 한국인들에게 한일관계는 한국의 민족주의적 감정을 폭발시킬 수 있는 매우 휘발성이 강한 쟁점이었으며, 야당은 이러한 감정적 측면을 이용하여 박정희정부의 존립기반을 흔들고자 했다.

양측의 이러한 전면적 대치상황은 언론윤리법안과 학원보호법안의 상정을 둘러싼 상호간의 부분적 양보를 통한 '정치적 타협'을 통해 해소되었고, 동시에 1965년 말 한일국교정상화가 마무리되었다. 이러한 '정치적 타협'의 정치적 의미는 향후 한국의 정치발전에 중요한 의미를 갖는 것이었는데, 그것은 체제의 안정과 질서를 위협하는 민주화세력의 극단적 반대에 대하여 정부는 강력한 강제력을 행사할 수 있다는 것을 명확히 함으로써 장면정부하에서와 같은 정치적 불안정 요인을 제거했다는 점과 동시에 민주화세력의 반대에 대응하는 정부의 강제력 행사에 있어서의 제한선이 설정되었다는 점이다. 그 결과 콜과 라이만의 표현대로, '질서와 민주적 제도의 보존을 위한 틀이' 마련되었으며, 그것은 60년대의 정치발전을 위한 "그렇게 낭만적이지도 않고 완벽하지도 않지만, 작동할 수 있는 양자간의 타협"의 산물이었다.[18]

경제성장은 60년대 한국정치의 키워드가 되었다. 처음에는 군사쿠데타의 합리화를 위한 논거로서, 이후에는 여타의 국가적 목표달성을 위한 실천적 목표로서, 그리고 마지막으로는 정권의 존재이유로서 경제성장이 등장했다. 역설적이기는 하지만 성공적인 경제성장의 실현을 통해 공화당정부는 민주화세력의 저항과 반대를 허용하고 민주적 틀 안에서 그들과 공존할 수 있었다. 경제

---

18) *Ibid.*, p.115.

성장은 60년대 국민적 합의기반의 중심축이었다.

공화당정부의 경제성장에 대한 전력투구는 경제적으로 중요한 의미를 가지는 개혁뿐 아니라, 전통적으로 발전의 장애물이 되었던 부패를 제거하는 데 있어서 국민적 참여의 수준을 높임으로써 정치적 측면에서의 발전도 가져왔다. 공화당정부는 이전의 다른 정권들보다 더 확고한 경제성장에 대한 의지를 천명했고, 경제성장의 달성을 위한 경제정책과 프로그램을 효과적으로 추진할 수 있다는 능력을 과시함으로써 폭넓은 정치적 지지기반을 형성할 수 있었다. 1965년 한일국교정상화를 둘러싼 위기상황이 지나가자 공화당정부의 경제성장정책은 더욱 가속도를 얻게 되었고 국민적 지지기반은 확대되었다. 그러나 이러한 광범위한 국민적 지지기반이 분명해질 때까지 공화당정부는 국회에서의 다수당으로서의 이점과, 그리고 필요한 경우에는 언제나 군부의 거의 무조건적인 지지를 이용하여 반대세력을 압도할 수 있었다.

콜과 라이만은 60년대 한국의 성공적인 경제성장의 실현을 위해서 공화당정부가 누렸던 정치·군사적 지지의 중요성과 집권세력의 경제성장에 대한 중요성을 지적한다.[19] 즉 당시 공화당정부는 중요한 경제입법을 통과시킬 수 있는 다수를 향유했을 뿐 아니라, 한일국교정상화의 위기에서처럼 첨예한 위기상황하에서도 단호한 입장을 취할 수 있었던 것은 정상적인 헌정질서가 붕괴되는 경우에 계엄령을 통한 통치에 의존할 수 있는 군부의 전폭적인 지지를 받았다는 점이다. 그리고 마지막으로 경제성장이라는 당면과제를 둘러싼 정부조직 내의 단합과 통합성을 가지고 있었다는 점이다.

---

19) *Ibid.*, p.93.

콜과 라이만은 다음과 같은 이유에서 동시에 이러한 전폭적인 정치·군사적인 지지에 기초한 권력의 집중이 정치발전의 저해요소로 작용하지 않고 긍정적인 방향으로 작용했다는 점을 강조한다. 첫째, 박정희정부는 군사쿠데타의 산물로서 당시 군부세력의 개혁과 국가적 경제발전에 대한 확고한 의지를 계승했다는 점이다. 더욱이 당시 중심적 집권세력은 군부출신으로서 사회적 혹은 경제적으로 전통적인 지배엘리트들과는 유리된 별개의 집단이었다는 점에서 자유당정부에서 부패의 온상이 되었던 규제와 경제정책들을 과감히 개혁함으로써 부패를 단절할 수 있었다. 물론 새로운 종류의 부패가 그 뒤를 잇긴 했지만, 그것은 경제성장이라는 당면과제의 정책적 목표의 우선순위를 실현하는 틀 안에서 허용되는 것이었다. 급속한 경제성장은 결과적으로 박정희정부와 국민들 사이에 실현된 정치적 합의의 새로운 기반이 되었고, 정부의 경제정책과 프로그램에 대한 국민적 지지기반의 기초가 되었다.

둘째, 민정이양 이후 박정희정부에 참여한 각료, 대통령 비서진, 공화당의원 중 많은 사람들은 군부중심의 독재정권으로 회귀하는 것을 막기 위해 당시의 민주적 틀을 유지하고자 했다는 점이다. 더욱이 전문관료들은 정치적 안정과 경제성장을 저해하는 정치적 쟁점들의 해결에 있어서 타협을 통해 문제를 해결하고, 당면과제인 경제성장의 추진에 전력하고자 하는 목소리가 높았다. 그리고 마지막으로는 지식인이나 언론, 학생과 같은 집단들이 정부의 권위주의정권으로의 경사를 막는 압력으로 작용했다.

셋째, 박정희정부의 긴밀한 대미관계가 권위주의정권으로의 경사를 막는 데 중요한 역할을 했다. 미국의 입장에서는 경제성장을 실현시킬 수 있는 중도적이고 안정적인 민간정부가 한국에서의 정치적·이념적 문제를 해결하기 위한 적합한 수단이라고 여겼고, 그에 따라 양국간 이해의 상호 보완성이 강조되었다. 한국에서의 경제성장과 민주주의는 의심할 바 없이 양국간에 쉽게 합의된 목표일 수밖에 없었다.

마지막으로 박정희의 개인적 리더십과 경제성장에 대한 신념을 경제성장의 중요한 요인으로 지적한다. 박정희는 한국의 국가적 목표를 달성하기 위한 수단으로서 강력한 경제력의 확보와 정치적 안정을 강조했다. 경제성장에 대한 박정희의 확고한 신념은 여타의 정치적 목표보다 경제성장에 더 높은 우선순위를 부여하게 했으며, 어떤 경우에는 자신의 정치적 지지기반의 이익을 희생시키면서까지 경제성장중심의 정책을 주도했다.

콜과 라이만은 이러한 정치권력의 집중과 정치지도자의 신념이 단기간에 경제정책과 프로그램을 전환시켜 급속한 경제성장과 아마도 정치발전을 달성하는 데 필수적인 요인이 되었다고 주장한다. 경제성장정책이 새 정부의 정당성을 인정하지 않는 온갖 반대세력의 비판 속에서, 그리고 한일국교정상화를 둘러싼 첨예한 위기상황하에서도 일관되게 추진될 수 있었던 것은 박정희 정부의 정책적 능력과 리더십의 확고한 신념 때문이었다는 것이다. 결과적으로 60년대 중반 한국에서의 이러한 변화는 단지 경제정책의 변화 혹은 경제성장을 코에 건 정치적 전략상의 변화를 넘어서는 보다 근본적인 변화를 반영하는 것이었다. 그것은 미국에 대한 유쾌하지 못한 의존에서 탈피하는 것을 의미하고, 전통적인 비관주의로부터 탈피하여 경제성장을 향한 보다 적극적인 태도로의 급진적인 변화를 반영하는 것이었다.[20]

---

20) Ibid., p.97.

경제적 근대화에 대한 콜과 라이만의 관심 때문에 그들은 권위주의적 요소들에 대한 관용적인 입장을 취한다. 하지만 동시에 저자들은 경제적 근대화에 대한 국민들의 합의, 그것을 이룩한 새로운 정치엘리트들에 대한 정치적 지지, 경제발전의 성과에 대한 비교적 광범위한 참여, 그리고 군사정권에 대한 강한 반대에 직면하여 보다 개방적인 정치체제로의 이행을 가능케 한 정치엘리트들의 타협을 정치발전의 요소로 지적한다.

3) 경제성장과 정치적 안정

이미 군사쿠데타를 정당화하는 군부지도자들의 수사에서 보인 바처럼 경제성장은 박정희정부의 핵심적 사안이었다. 전술한 대로 경제성장은 다른 국가적 목표를 달성하기 위한 관건으로서 군사정부의 중요한 정권적 목표이기도 했다. 따라서 민간정부로의 이행 이후 박정희정부는 경제성장정책에 모든 국내정치적 노력을 집중했다. 경제성장은 새로이 출범한 민간정부의 정당성을 확보하고 진정한 국민적 지지를 확보할 수 있는 수단으로 인식되었기 때문이다.

5개년 경제개발계획의 채택과 함께 변동환율제가 도입되었고, 여러 가지 수입상의 규제가 철폐되었다. 그것은 박정희정부의 새로운 경제성장정책에 있어서의 자신감을 표명하는 것인 동시에 정치적으로도 민간부문에 대한 인센티브와 기회를 제공함으로써 자유당정권 이래 자리잡았던 전통적인 정치적 부패의 원인을 제거하는 것이기도 했다. 경제성장을 새로운 국가목표로 추진하는 과정에서 박정희정부는 국회에서의 다수 여당, 군부의 전폭적인 지지, 그리고 행정부의 일사불란한 조직과 목표의식에 따른 힘을 발휘할 수 있었다. 문제는 이러한 일방적 힘의 우위가 민주적 원칙을 훼손하는 힘의 남용으로 쉽게 변질될 수도 있었다는 점이다. 그것은 정치발전의 퇴행 가능성을 시사하는 것이었다.

권력의 집중에 따른 정치적 퇴행 가능성은 훗날의 이야기이고, 60년대 한국의 경제성장은 눈부신 것이었으며 그것은 한국사회에서 전반적으로 긍정적인 정치적 분위기를 형성했다. 박정희정부는 성공적인 경제성장에 고취되어 더욱 적극적인 국가주도형 성장정책을 추진했다. 일반국민들의 입장에서는 60년대 성공적인 경제성장의 실현은 지속적인 경제성장과 정치적 안정에 대한 새로운 자신감과 확고한 신념을 갖게 되는 전기가 되었다. 콜과 라이만의 표현대로 급속한 경제성장을 위한 선결조건들이 확보되었을 뿐 아니라 한국의 정치발전에 있어서 고질적인 난제였던 정치적 불안정 요인도 약화되었다. "독립 이래 처음으로 한국이라는 나라의 생존과 정치적·경제적 독립체로서 계속 발전할 수 있을 것이라는 신념이 폭넓게 자리잡았다. 여타의 국가적 목표를 달성하는 데 있어서 경제발전이 열쇠라는 국민적 합의가 만들어졌으며, 그러한 경제발전의 기반 위에서 민감한 정치적 결정들이 다시 정의되고 재조정되었다. 그리고 이러한 합의기반 위에서 초기의 박정부를 둘러싼 긴장도 해소되었다."[21]

한일국교정상화를 둘러싼 위기의 소멸과 함께 박정희정부는 신속히 안정을 되찾았고, 정치적 안정이 급속한 경제성장의 결정적 요인이라는 인식이 폭넓게 자리잡았다. 이러한 국민적 공감대는 전통적으로 정부에 비판적이던 언론이나 지식인들 사이에서

---

21) *Ibid.*, pp.225-226.

도 형성되었다. 결과적으로 1967년 대선에서 박정희 후보는 압도적인 표차로 대통령에 당선되었다. 그것은 '지난 4년간의 정치·경제적인 변동에 대한 승인'이었고 새로운 국민적 합의의 확인이었다.

경제성장의 선결조건으로서 정치적 안정에 대한 콜과 라이만의 강조는 헌팅톤의 정치발전론에 대한 견해와 동일한 것이었다. 헌팅톤의 정치적 안정과 질서에 대한 강조는 권위주의적 정치체제에 대한 관용적인 입장으로 귀결되기 쉽다.『한국의 발전』에 있어서도 역시 저자들의 조심스러운 한정에도 불구하고 이러한 보수주의적인 편견이 드러난다. 콜과 라이만이 지적하는 60년대의 경제성장을 가능케 한 변수로 '확고한 경제정책의 실행결의', '정치적 리더십', '효율적인 행정능력' 등은 권위주의 정치체제와 쉽게 연계될 수 있는 것들이기 때문이다. 이러한 권위주의적 정향들을 순치시키는 역할을 콜과 라이만은 성공적인 경제성장의 결과 가능해진 국민적 합의의 형성에서 찾았지만, 그것은 마치 얇게 언 얼음 위에서 스케이트를 타는 것과 같은 민주주의의 제도적 취약성을 의미하는 것이었다.

4. 발전국가의 형성과 개발독재

1960년대 한국의 경제성장에 대한 콜과 라이만의 결론을 축약하자면, 그것은 강력한 중앙집중적 권력에 기초하여 경제성장에 대해 확고한 결의를 갖춘 새로운 정치엘리트들의 산물이라는 것이다. 국가주도형 경제성장을 가능케 한 행정부의 안정과 시장에 대한 국가의 우위는 정치적 안정을 선결조건으로 한다. 콜과 라이만은 이러한 강력한 리더십과 행정부의 권한 강화가 권위주의 정권으로 귀결되지 않은 이유는 경제성장이라는 가시적 업적에 따른 국민적 합의의 형성 때문이라는 것이다. 그러나 60년대 이후 박정희정부의 행로가 잘 보이는 것처럼, 강력한 권력집중에 따른 정치발전의 퇴행, 즉 권위주의적 정권으로의 변모 가능성을 국민적 합의의 형성과 정치엘리트들의 자발적 자제에 의해 차단하고자 하는 콜과 라이만의 처방은 지나치게 순진한 것으로 보인다. 정치적 안정과 경제성장을 연계시키는 저자들의 시각은 민주주의보다는 경제성장에 주안점을 두는 것이다.

제3세계의 경제성장이 민주적 정권이 아닌 권위주의정권하에서 더 실현 가능성이 크다는 주장은 정치적 안정을 매개로 하여 전개된다. 경제성장과 권위주의정권 사이의 상관성에 관한 논의는 분석적으로 다음과 같은 두 가지로 나눌 수 있다. 하나는 권위주의정권이 민주정권보다는 정치적 참여의 수준과 속도를 통제함으로써 정치적 안정을 쉽게 이룰 수 있고, 이러한 정치적 안정의 기반 위에서 경제성장을 위한 노력도 가능하다는 주장이다. 다른 하나는 제3세계의 경제성장은 경제·사회적 변동과 기존의 공동체적 틀의 해체를 수반하며, 그 과정에서 정치적 불안정이 초래되며, 이는 권위주의정권의 등장으로 귀결된다는 주장이다.

첫번째 주장의 핵심은 경제성장에 필수적인 정치적 안정을 확보하는 데 권위주의정권이 민주정권보다는 강점을 가진다는 데 있다. 권위주의정권은 급격한 경제·사회적 구조변동에 수반되는 정치참여를 억제함으로써 정치적 안정을 유지한다. 이러한 안정적 통치의 기반 위에서 권위주의정권의 개발엘리트들은 사회의 제반 특수이익의 압력으로부터 벗어나 일관된 경제성장을 위한 개발정책을 집행함으로써 민주적 정치체제에서 쉽게 관찰되는 집단행동의 딜레마22)를 회피할 수 있다. 권위주의정권이 경제성장에 기여한다는 첫번째의 주장을 S. 해가드는 다음과 같이 구별한다. 하나는 권위주의정권이 경제성장의 선결조건이라는 주장이고, 다른 하나는 비록 권위주의정권이 경제성장이라는 목표의 달성을 위해 수립된 것은 아니지만 그것이 기능적으로 작용한다는 주장이다.23)

두번째 주장에 있어서의 요체는 경제성장이 정치적 안정이 아닌 정치적 불안정을 초래하는 교란적인(disruptive) 힘으로 작용한다는 것이다. 산업화와 경제성장은 경제·사회구조의 급격한 변동을 의미한다. 경제성장에 수반되는 산업화·도시화는 대규모의 지역적·사회적 인구이동을 초래하며, 그 결과 이전의 사회질서를 위해 기능하던 전통적인 사회적 유대관계가 급속히 붕괴되고 새로운 질서유지를 위한 사회적 기제가 미처 정립되지 못함으로써 힘의 공백이 만들어진다. 또한 새로이 등장하는 경제적 지배계층은 기존 정치·사회세력의 힘의 균형의 재편을 추구하게 되고 그 결과 제반 사회세력의 동원과 정치참여의 수준이 급증한다.24) 전통적인 농경사회나 산업화의 초기단계에 있는 사회보다

---

22) 집단행동의 논리에 관해서는 M. 올슨의 고전적인 *The Logic of Collective Action*(Cambridge: Harvard University Press, 1965)이 있다.

23) Stephan Haggard, *Pathways from the Periphery: The Politics of Growth in Newly Industrializing Countries*(Ithaca: Cornell University Press, 1990), pp. 254-256.

24) Mancur Olson, "Rapid Growth as a Destabilizing Force," *The Journal of Economic History*, Vol.3, 1963, pp.531-532.

는 산업화가 본궤도에 올라 급속한 경제성장을 경험하는 사회가 정치적 안정의 측면에서 더 취약하다고 할 수 있다. 따라서 최소한 단기적으로는 경제성장이 정치적 불안정을 매개로 하여 권위주의정권의 등장에 기여한다는 가설이 뒤따른다.

경제성장과 권위주의정권에 관한 이러한 주장들의 저변에는 경제발전과 민주주의의 필수적 측면인 정치적 참여를 상호 조화되지 않는 두 개의 가치로 보는 시각이 전제되어 있다. 정치적 불안정과 절대적 빈곤으로 점철된 제3세계의 급박한 현실은 그로 인한 악순환의 고리를 끊을 수 있으리라고 기대되는 권위주의정권의 대두에 대하여 비교적 관용적인 태도를 요구했고, 동시에 그것은 냉전이데올로기하에서의 사회주의혁명을 방지하기 위한 정치적 안정에 대한 강조와 잘 조화되는 것이었다. H. 칸은 "매우 빈곤한 나라에서 생존권과 기아의 절대적 빈곤으로부터의 자유와 같은 가장 기본적인 권리와 자유를 경제성장이(민주주의가 아니라) 충족시킬 수 있다"고 강조한다.25)

C. 존슨은 후발산업화국가들이 선진자본주의국가들과의 경쟁에서 살아남기 위한 노력의 산물로서 시장에 대한 보다 강화된 정부의 개입을 발전국가의 형성으로 다음과 같이 개념화한다. ① 경제성장을 저해할 수 있는 정치적 요구에 굴복하지 않는 정치·관료엘리트에 의한 안정적인 통치, ② 정부의 시사적이고 일반적인 지침하에서의 민간부문과 공공부문 사이의 긴밀한 협조, ③ 고도경제성장에 의해 창출된 부의 균등한 분배를 위한 정책과 함께 교육부문에 대한 지속적이고 높은 투자, ④ 경제개입정책이 시장경제에 기초할 필요를 인식하는 정부.26) 콜과 라이만이

---

25) Herman Kahn, *World Economic Development* (London: Croom and Helm, 1979), p.471.

주목하는 60년대 한국의 정치발전은 바로 이러한 발전국가의 형성이 개발독재로 전락하는 것을 피하는 과정이었다.

발전국가의 개발엘리트는 시장경제체제하에서의 경제성장을 제1의 정책목표로 삼는다. 사회주의적 계획경제하에서처럼 시장을 계획에 의해 대체하는 산업화전략과는 달리 개발국가의 경제에 대한 간섭은 시장의 작동에 순응적(market-conforming)이며 시장의 기능을 강화하는 데 있다. 즉 개발국가의 경제정책은 기업가들이 시장에서 직면하는 불확실성과 위험부담을 감소시키고, 판매 및 투자기회에 관한 정보를 공급하고, 성장지향의 심리를 심어 주는 것이다. 발전국가의 성공적인 시장개입은 국가의 능력과 사회세력으로부터의 자율성의 확보에 달려 있다. 존슨이 지적하는 발전국가의 기본적 요소에서 권위주의정권으로의 경사를 점칠 수 있는 단서가 없으나 그것에 가장 근접하는 힌트는 정치·관료엘리트에 의한 안정적인 통치라는 점이다. 정치적 안정은 정치경제체제의 장기적인 예측 가능성을 보증하며 권위주의정권은 최소한 정부적 수준에서의 정치적 안정을 손쉽게 확보할 수 있다. 콜과 라이만의 정치적 안정은 바로 이러한 정부적 수준에서의 안정이라고 할 수 있다.

앞서 콜과 라이만이 지적한 바대로 새로운 정치엘리트들은 근대화된 군부의 경영적 정향을 갖춘 장교들과 민간관료들을 충원하여 효율적인 관료체제를 가동시킬 수 있었다. 이들의 경제정책 실행능력은 군부의 전폭적인 지지에 기초한 국가의 강제력과 새

---

26) Charlmers Johnson, "Political Institutions and Economics Performance: The Government-Business Relationships in Japan, South Korea, and Taiwan," in Frederic Deyo(ed.), *The Political Economy of New Asian Industrialism*(Ithaca: Cernell Univ. Press, 1987), p.145.

로운 정치엘리트들이 누렸던 기존 기득권계층으로부터의 자율성에 의해 더욱 강화되었다. P. 에반스는 한국의 발전국가는 '매몰된 자율성'(embedded autonomy)이라는 모순적 특성을 보인다고 지적한다.27) 제반 사회세력들로부터 절연되었다는 의미에서의 자율성과 국가관료들의 일부 강력한 사회집단과의 단단한 유대관계를 의미하는 '매몰된'이라는 표현의 모순적 결합이다. 한국의 정치엘리트들은 이러한 강력한 경제집단과의 유대에 기초해서 이들을 국가의 경제적 프로젝트에 성공적으로 동원할 수 있었다.

한편으로는 비록 민주적 국가구조하에서도 국가의 자율성이 보장되고 확대될 수 있다는 E. 노드린저의 주장에도 불구하고, 그리고 다른 한편으로는 모든 권위주의정권이 국가의 자율성을 보장하는 것은 아니라는 경계에도 불구하고 개발엘리트의 자율성은 대개의 경우 권위주의정권의 틀 안에서 행사되는 경향이 있다. 이러한 자율성을 확보하는 권위주의정권은 군의 정치개입에 의해 수립되는 경향이 있는데, 이것은 첫째로 대개의 경우 군이 사회의 전통적 지배계급과 긴밀한 관계를 가지고 있지 않기 때문이며, 둘째로 산업화를 저해할 수 있는 계급간의 동맹을 타파할 수 있는 물리력을 가진 거의 유일한 집단이기 때문이다. 따라서 권위주의정권이 개발국가의 전문관료적 통치에 필수불가결의 조건은 아니지만, 그것이 개발엘리트와 전문관료를 시민사회의 압력으로부터 절연시키는 제도적 장치를 마련한다는 점에서 발전국가는 권위주의적 구조 위에 성립하는 경향이 있다.

---

27) Peter Evans, "The State as Problem and Solution: Predation, Embedded Autonomy, and Structural Change," in Stephan Haggard and Robert Kaufman (eds.), *The Politics of Economic Adjustment*(Princeton: Princeton University Press, 1992).

문제는 이러한 발전국가의 권위주의정권으로의 경사이다. 콜과 라이만의 해결은 경제성장의 성취감과 그 경제적 과실에 대한 참여의 폭에 기초한 국민적 합의의 형성이다. 그러나 저자 자신들이 인정하는 것처럼 그것은 제도화될 수 없는, 그리고 민주적 절차를 통해서 언제든지 철회될 수 있는 국민적 지지에 불과하다. 따라서 강력한 중앙집중적 정치권력과 강제력을 장악한 정치엘리트들에게 그것은 권위주의적 힘의 사용에 대한 제동장치가 될 수가 없다. 단지 그럴 필요가 없기 때문에, 또 통치의 비용이 적게 들기 때문에 민주적 틀을 유지한 것이라고 할 수 있다.

정치적 안정과 경제성장에 사로잡힌 콜과 라이만이 60년대 한국 정치에 있어서의 권위주의적 요소들을 잘 지적하고 있으면서도, 또 3선개헌을 목격하면서도 『한국의 발전』에서 정치적 퇴행을 점치지 못한 채 정치발전과 경제성장의 행복한 결합에 매달린 것은 놀라운 일은 아니다. 서론에서 밝힌 것처럼 "경제발전이 그 어떤 희생을 치르면서까지 추구될 가치가 아니라는 점에서" 그것은 정치발전과 기능적으로 연계되어 있다는 주장에도 불구하고, 정치적 안정과 경제성장은 빈곤과 정치적 불안정에 휩싸인 제3세계를 바라보는 발전론자들에게 있어서는 참으로 놓치기 어려운 목표였기 때문이다.

5. 맺음말

콜과 라이만이 『한국의 발전』에서 키워드로 삼고 있는 것은 경제성장과 정치발전이 상호 보완적으로 작용하도록 '만들어졌다'는 말이다. 군사쿠데타를 통해 민주당정권을 무너뜨리고 집권한 한국의 새로운 정치엘리트들은 정권의 정당성 문제에 있어서 태생적인 약점을 지니고 있었다. 민주적 선거를 통해 민간정부로 이행한 이후에도 그것은 여전히 시빗거리로 남아 있었다. 당시의 국내외적인 상황에서 새로운 정치엘리트들이 경제성장에 주목한 것은 당연한 것이었다. 경제성장 자체로서뿐 아니라 그것은 정권에 대한 국민적 지지기반을 확대함으로써 정당성 문제의 한계를 보완하기 위한 수단이기도 했다. 경제성장에 기초한 국민적 합의기반이 만들어짐으로써 민간정부로의 이행 이후의 정치적 불안정 요소를 민주적 틀 안에서 극복할 수 있게 되었고, 그것은 권위주의정권으로의 회귀라는 마지막 수단을 회피할 수 있는 계기가 되었다. 간추리자면 국민적 합의기반은 경제성장과 정치발전이 상호 보완적으로 작용하도록 만들어지는 데 있어서의 연결고리였다.

콜과 라이만이 주목하는 60년대 한국정치의 발전과정에 있어서의 중요한 전기는 한일국교정상화를 둘러싼 위기와 그것의 극복이었다. 박정희정부의 민주주의에 대한 의지와 정권의 정통성에 대해 회의적이었던 민주세력과 야당의 거센 도전에 의해 정권 존립기반의 뿌리가 흔들릴 수도 있는 위기상황에서 당시의 지배엘리트들이 가지고 있었던 가장 커다란 자산은 전폭적인 정치·군사적 지지였다. 집권여당인 공화당은 국회에서 다수의석을 확보함으로써 정치적 주도권을 장악했고, 군부의 전폭적인 지지는 정부가 학생시위와 소요에 정면으로 대응할 수 있는 물리적 강제력을 제공했다. 더욱이 위기의 극적인 대치상황이 벌어졌던 1964년의 정부와 반대세력 사이에 언론윤리법안과 학원안정법안을 둘러싼 타협은 향후 한국정치에 있어서 국민적 합의기반을 마련하는 데 중요한 계기가 되었다. 콜과 라이만의 결론은 이러한 정치적 안정의 기반 위에서 정부는 경제성장정책을 적극적으로 추진할 수 있었으며, 성공적인 경제성장의 결과 국민적 합의기반이 마련되었고, 그것은 다시 한국에서의 정치발전과 경제발전의 바탕이 되었다는 것이다.

그러나 이러한 경제성장과 정치발전의 행복한 상호작용이 만들어진다는 말은 정치엘리트들의 끊임없는 노력과 선택을 함축한다. 저자들이 초점을 맞추는 60년대 중반 한국에서 강력한 중앙집중적 정치권력과 효율적인 관료지배는 고도경제성장을 가능케 함으로써 권위주의적 권력남용의 필요성을 약화시키기는 했지만, 경제성장 자체가 정치발전을 보장하지는 않았다. 그것은 차라리 정치엘리트들의 자의적인 선택의 범위 안에 놓인 것이었다. 3선개헌 이후의 박정희정권의 경로가 보이는 것처럼 정치엘리트들의 민주화로의 선택은 언제든지 철회될 수 있는 대안이었다. 저자들이 잘 지적하는 것처럼 한국정치에는 권위주의적 정치로 경사될 수 있는 여러 요인이 항존했다. 취약한 정당정치, 강력한 중앙집중적 정치권력, 군부의 영향력, 정치적 자유의 제한, 안보위협 등이 그것이다. 장기적인 관점에서는 경제성장에 따른 경제·사회적 변동이 이들 권위주의적 요인을 약화시킬 수는 있을지라도, 적어도 저자들이 초점을 맞추는 60년대의 단기적 관점에서는 경제성장과 정치발전은 유리되어 있는 과정으로 보인다. 오히려 '업적에 기초한 정당성'에 대한 지나친 자신감은 권위주의정권으로의 회귀를 보다 손쉽게 만들었다는 점에서 모든 다른 정책적 가치를 경제성장에 함몰시킨 경제성장제일주의는 정치적 퇴행을 불러왔다고 할 수 있다.

정치적 안정의 기반 위에서 콜과 라이만이 지적하는 경제성장을 위한 또 하나의 요인은 행정부와 전문관료 지배의 강화와 정부의 시장에 대한 적극적인 개입이었다. 앞 절에서 이미 논의된 바처럼 성공적인 경제성장은 국민적 합의의 발판이었을 뿐 아니라 박정희정부의 존재이유와 정통성이 달린 문제이기도 했다. 산업화의 후발주자로서 한국이 처했던 핸디캡을 극복하기 위한 대안은 국가가 산업화의 주역이 되고 민간기업이 조역을 맡는 국가주도형 산업화전략이었다. 최소한 단기적으로는 '시장 순응적인' 국가의 적극적인 시장개입이 특징인 자본주의 발전국가의 산업화전략은 매우 효과적이었던 것으로 판명되었다.

단기적인 관점에서는 정치발전을 민주주의와 연관시켜 규범적으로 정의하지 않는 한(헌팅톤적인 시각이기도 한데), 경제성장과 정치발전 사이에는 별로 특별한 긴장관계를 찾아볼 수 없다. 오히려 정치적 안정을 가능케 했던 권력의 집중과 행정부의 강화는 경제성장에 긍정적인 힘으로 작용한 것으로 보인다. 돌이켜보건대 콜과 라이만이 정치발전과 경제성장의 상호 보완적 작용의 시기로서 분석한 한국의 60년대 중반은 이후 한국의 정치·경제적 변동에서 새로운 장을 여는 시기였다. 3선개헌 이후 권위주의 정권으로의 정치적 퇴행에도 불구하고 한국은 고도경제성장을 지속했다. 정치적 안정은 경제적 과실을 향유할 수 있었던 중산층의 정치적 무관심과 소외세력에 대한 물리적 강제력을 동원한 정치적 억압에 의해 권위주의적 틀 안에서 유지될 수 있었다. 단기적으로는 콜과 라이만이 경고했던 바와 같은 정치발전의 퇴행이 경제성장에 부정적으로 작용한 것으로 보이지는 않았다.

그러나 80년대 민주화과정을 거치면서 한국에서의 정치발전과 경제성장의 상관성은 한 바퀴 원을 돌아 민주주의와 경제성장의 병행발전을 추구하는 지금에 이르렀다. 급속한 경제성장이 촉발시킨 사회·경제적 변동은 더 이상 권위주의적 정권의 강제력에 기초한 체제유지를 불가능한 것으로 만들었기 때문이다. 장기적인 관점에서 보자면 경제성장이 민주주의에 미치는 긍정적인 영향력은 어느 정도 확인될 수 있는 것으로 보인다. 현재 당면하고 있는 아시아적 시장경제의 좌절 속에서 일부 학자들은 주요 원인으로서 정부의 시장개입과 원칙과 제도보다는 인간관계에 기초한 거래관계의 불투명성을 지적하고 있다. 역사의 패러독스는 바로 그러한 요인들이 60, 70년대 한국 고도경제성장의 주요 동인으로 지적되었던 것이기도 하다는 점이다. 이러한 역설에 대한 콜과 라이만의 대응을 유추해 보는 것은 여간 흥미로운 일이 아닐 수 없다.

콜과 라이만의 대응을 간략하게 정리하자면 시장에 대한 관료주의의 우위와 시장에 대한 개입이 효과를 발휘할 수 있는 정치·경제적 환경이 성공적인 산업화와 경제성장의 실현에 의해 변화했다는 것이다. 따라서 콜과 라이만은 자신들의 정치적 안정과 경제성장 사이의 상관성의 뒤편에 남겨 두었던 민주주의를 들고 나오는 것이다. 즉 지금 회자되는 민주주의와 시장경제의 병행발전이 그것이다. 현 한국의 경제위기상황하에서 60, 70년대의 발전국가로부터 선진국과 같은 규제국가(regulatory state)로의 전환이 민주화와 함께 진행되고 있는데, 이것이 아시아적 시장경제의 좌절에 대한 해결책인가 하는 점에 대해서 콜과 라이만의 대답은 긍정적이다. 단지 권력의 집중과 행정부의 우위가 권위주의 정권으로 발전될 가능성에 대한 해독제를 콜과 라이만은 국민적 합의와 지배엘리트의 자발적 선택에서 찾았던 것이며, 현재의 민주화는 권력에 대한 제도적 제동장치를 마련하는 것이라는 차이가 있다. 이러한 제도화된 민주주의하에서의 경제성장은 우리가 앞으로 지켜보아야 할 주제이다.

참고문헌

Amsden, Alice, *Asia's Next Giant: South Korea and Late Industrialization*(New York: Oxford University Press, 1989).
Apter, David, *The Politics of Modernization*(Chicago: Chicago University Press, 1965).
Barone, Charles, "Dependency, Marxist Theory, and Salvaging the Idea of Capitalism in South Korea," *The Review of Radical Political Economics*, Vol.15(1983).
Cardoso, Fernando, "On the Characterization of Authoritarian Regimes in Latin America," in David Collier(ed.), *The New Authoritarianism in Latin America*(Princeton: princeton University Press, 1979).
Cole, David, and Princeton Lyman, *Korean Development: The Interplay of Politics and Economics*(Cambridge: Harvard University press, 1971).
Dahl, Robert and Charles Lindblom, *Politics, Economics and Warfare*(New Brunswick: Transaction Publishers, 1992).
Cumings, Bruce, "The Origins and Development of the Northeast Asian Political Economy: Industrial Sectors, Product Cycles, and Political Consequences," in Frederic Deyo(ed.), *The Political Economy of The New Asian Industrialism*(Ithaca: Cornell University Press, 1987).
Diamond, Larry, "Economic Development and Democracy Revisited," in Gary Marks and Larry Diamond(eds.), *Reexamining Democracy*(Newbury

Park: Sage Publications, 1992).
Drucker, Peter, *Post-Capitalist Society*(New York: Harper Business, 1993), p.37.
Evans, Peter, "The State as Problem and Solution: Predation, Embedded Autonomy and Structural Change," in Stephan Haggard and Robert Kaufman(eds.,) *The Politics of Economic Adjustment*(Ithaca: Cornell University Press, 1992).
Frank, Andre G., "The Development of Underdevelopment," *Monthly Review*, Vol.18., No.4.
_____, *Capitalism and Underdevelopment in Latin America*(New York: Monthly Review Press, 1967).
Haggard, Stephan, *Pathways from the Periphery: The Politics of Growth in the Newly Industrializing Countries*(Ithaca: Cornell University Press, 1990).
Higgot, Richard, *Political Development Theory: The Contemporary Debate*(London: Croom and Helm, 1983), p.21.
Horowitz, Irving Louis and Ellen Kay Trimberger, "State Power and Military Nationalism in Latin America," *Comparative Politics*(1976).
Huntington, Samuel and Joan Nelson, *No Easy Choice: Political Participation in Developing Countries*(Cambridge: Harvard University Press, 1976).
Huntington, Samuel, "Political Development and Political Decay," *World Politics*, Vol.17(1965).
_____, *Political Order in Changing Societies*(New Haven: Yale University Press, 1968).
_____, *Third Wave: Democratization in the late Twenties Century* (Norman: Oklahoma University Press, 1991).
Hurwitz, Leon, "Contemporary Approaches to Political Stability," *Comparative Politics*(April 1973).
Johnson, Chalmers, "Political Institutions and Economic Performance: The Government-Business Relationship in Japan, South Korea, and Taiwan," in Frederic Deyo(ed.), *The Political Economy of New Asia Industrialism*(Ithaca: Cornell University Press, 1987).

_____, *MITI and the Japanese Miracle*(Stanford: Stanford University Press, 1982).

Johnson, John, *Military and Society in Latin America*(Stanford: Stanford University Press, 1962).

Kahn, Herman, *World Economic Development*(London: Croom and Helm, 1979).

Kojima, Kiyoshi, *Japan and New World Economic Order*(Boulder: Westview Press, 1977).

Krasner, Stephen, *International Regimes*(Ithaca: Cornell University Press, 1983), p.1.

Lansberg, Martin, "Export-led Industrialization in the Third World: Manufacturing Imperialism," *The Review of Radical Political Economics*, Vol.11(1979), pp.50-63.

_____, "Capitalism and Third World Economic Development: A Critical Look at the South Korean 'Miracle'," *The Review of Radical Political Economics*, Vol.16(1984).

Lawson, Stephanie, "Conceptual Issues in the Comparative Study of Regime Change and Democratization," *Comparative Politics*, Vol.25(1993).

Lim, Youngil, *Government Policy and Private Enterprise: Korean Experience in Industrialization*, Korea Research Monograph, No.6(Berkeley: Institute of East Asian Studies, University of California, 1981).

Mason, Edward, et. al., *The Economic and Social Modernization of the Republic of Korea*(Cambridge: Harvard University Press, 1980).

Nordlinger, Eric, "Soldiers in Mufti: The Impact of Military Rule upon Economic and Social Change in the Non-Western States," *American Political Science Review*, Vol.64(1970).

_____, *On the Autonomy of the Democratic State*(Cambridge: Harvard University Press, 1981).

North, Douglass, and Robert Thomas, *The Rise of the Western World: A New Economic History*(Cambridge: Cambridge University Press, 1973).

O'Brien, Donald, "Modernization, Order, and the Erosion of a Democratic

Ideal," *Journal of Development Studies*(1972).

Olson, Mancur, "Rapid Growth as a Destabilizing Force," *The Journal of Economic History*, Vol.3(1963).

_____, *The Logic of Collective Action*(Cambridge: Harvard University Press, 1965).

_____, *The Rise and Decline of Nations*(New Haven: Yale University Press, 1982).

Perlmutter, Amos, *Summary of Military Coup Frequency 1946~1970: The Military and Politics in Modern Times*(New Haven: Yale University Press, 1977).

Pye, Lucian, "Armies in the Process of Political Modernization," in John Johnson(ed.), *The Role of the Military in Underdeveloped Countries* (Princeton: Princeton University Press, 1962).

Reich, Robert, *The Work of Nations: Preparing Ourselves for the 21st Century Capitalism*(New York: Alfred Knopf, 1991).

Riggs, Fred, "The Dialectics of Development Conflict," *Comparative Political Studies*(July 1968).

Sangmpam, S. N., "The Overpoliticized State and Democratization: A Theoretical Model," *Comparative Politics*, Vol.24(1992).

Stepan, Alfred, "The New Professionalism of Internal Warfare and Military Role Expansion," in Alfred Stepan(ed.), *Authoritarian Brazil: Origins, Politics, and Future*(New Haven: Yale University Press, 1973).

Trimberger, Ellen Kay, *Revolution from Military Bureaucrats in Japan, Turkey, Egypt, and Peru*(Newbrunswick: Transaction Books, 1978).

Wade, Robert, *Governing the Market: Economic Theory and the Role of Government in East Asian Industrialization*(Princeton: Princeton University Press, 1990).

카터 에커트의 식민사관과 한국자본주의 발생론

정 태 헌

1. 머리말

한국인이 외국사, 가령 미국사를 연구대상으로 할 때 어떠한 접근방법이 정도일까 자문한다면, 적어도 다음 두 가지는 충족되어야 할 것이다.

첫째, 인종별·계급별 차이를 고려한 미국인의 '미국적' 시각을 근원적이고 총체적으로 이해해야 한다. 역설적이게도 이 점은 국가, 민족, 인종 사이의 벽이 뚜렷한 이 시대에 보편적인 인류의 삶과 미래의 진보를 추구하는 역사인식의 확장을 위해 일차적으로 고려해야 할 점이다. 옳든 그르든, 객관적 합리성을 갖든 자기중심적 비합리성에 빠지든, 무릇 사물에 대한 인식은 자신

또는 자신이 포함된 집단이나 국가의 이해관계에서 시작되기 때문이다. 역사와 인간에 대한 보다 풍성한 이해를 위해서, 그리고 외국사 연구가 단순히 자국의 대외정책 수행도구로, 또는 그 반대로 연구자만의 소외된 연구대상으로 전락하는 것을 넘어서기 위해서도 연구대상 지역의 구성원이 경험하고 생각했던 상황을 자신의 것으로 이해하려는 노력이 일차적 요건이라고 할 수 있다.

둘째, 한국인 연구자로서 외국사 연구의 중요한 동인인 미국사에 대한 '한국적' 인식에 관심을 갖지 않을 수 없다. 같은 미국인이더라도 인디언이나 흑인이 인식하는 인디언사나 흑인사 또는 미국사가 백인의 그것과 다를 수밖에 없듯이 한국인의 미국사 인식도 당연히 미국인과 다르게 마련이다. 미국사의 전개를 한국인의 입장에서 바라보고 또 한국사와 견주어 봄으로써 한국사상(韓國史像)을 넓힐 수 있으며, 나아가서 미국사의 이해를 기반으로 세계사 인식의 폭과 깊이를 더해 줄 수 있을 것이다.

외국인의 한국사 연구에서도 물론 충족되어야 하는 이 두 요소는 동전의 양면으로서 양자가 균형을 이룰 때 비로소 양자의 내용도 채워질 수 있다. 그러나 다른 나라에 대한 역사상은 의식적이든 무의식적이든 연구자가 속한 국가의 역사적 경험이나 대외정책, 연구대상국이 세계무대에서 점하는 위상이나 양국 관계에서 자유롭기 어려워 양자가 균형을 이루는 것은 쉽지 않다.

그러나 이 균형이 상실될 때, 자연히 두 요소의 각 내용도 왜곡되며 편협한 자국 이기주의나 제국주의, 그 반대로 사대주의적 역사상이 부각되거나 인종적·민족적 편견에 빠지게 마련이다. 이 점은 연구자의 존재조건이 다르고 다양한 차원의 강·약국으로 나누어진 근대 세계사의 구도가 존재하는 한 벗어나기 어려운 딜레마이지만 보다 나은 미래를 추구하는 역사학이 넘어서야 할 도전대상이기도 하다.

필자는 이러한 문제의식에서 미국 한국사학계의 한 흐름을 드러내 주는 하버드대학교의 카터 에커트(Carter J. Eckert) 교수의 저서[1]를 분석대상에 두고자 한다.[2]

독특한 문체가 돋보이는[3] 기업사례 연구서인 이 책은 비서구

---

1) 이 책의 원제목과 목차는 아래와 같다. 이하 출전을 표시할 경우에는 괄호 안에 쪽수만 기입한다.

   Offspring of Empire ── The Koch'ang Kims and the Colonial Origins of Korean Capitalism 1876~1945(University of Washington Press, 1991)

   서 론
   제1부 한국자본주의의 발생
    1. 상인과 지주: 자본의 축적
    2. 산업부르주아: 移轉과 형성
   제2부 성장의 패턴
    3. 계급과 국가: 재정적 유대
    4. 계급과 국가: 경영의 동반자
    5. 본국과 배후지의 관계: 원료와 기술의 획득
    6. 본국과 배후지의 관계: 시장의 탐색
   제3부 계급과 사회
    7. '순조롭게': 자본가들의 노동계급에 대한 입장과 대우
    8. 민족을 넘어선 계급: 내선일체와 조선인 부르주아
   결 론
    (부록 1 및 부록 2)

2) 본고의 분석대상은 미국학계의 한국사 연구동향 전반이 아니라 이 책으로 제한한다.

3) 딱딱하게 느껴지는 전문 역사서를 실증과 추측을 병행하여 생동감 있게 기술한 에커트의 문체는 부러움을 살 만하다. 특히 이 책의 출간(1991년) 이전 집필에 소요되었을 1980년대는 한국 학계에서도 식민지시

사에 대한 서구인들의 전통적인 아시아상을 잘 보여준다. 에커트의 '미국적' 한국사상은 제국주의정책으로 꽃을 피운 미국이나 서구의 경험에 기초한 역사상을 통해 경험 기반이 상반된 외국사(한국사)를 이해하여, 전술한 두 요소의 균형을 상실한 채 후자에 편향된 역사상의 전형이라고 할 수 있다.

특히 국내의 중첩된 정치·경제적 모순을 숨기고 냉전체제하 미국의 원활한 대한정책 수행에 기여한 '경제성장론'은 그 역사적 연원으로 규정되는 지나간 식민정책을 정당화시키고 오늘의 수직적 국제관계의 모순을 숨기는 소재로 작용한다. 에커트에게도 1960년대 이후 한국의 '경제성장'은 매우 흥미 있는 관심대상으로서 그의 역사상을 뒷받침하는 소재가 된다.

이러한 비슷한 소재를 배경으로 비슷한 시기에 국내 학계에 '새로운' 관점의 한국사 연구를 촉발시켰다는 나카무라(中村哲)[4]와 에커트의 한국사상을 대하면서 태평양의 거리를 무색케 하는 동질감을 느낀다. 제국주의 침략의 축에 섰던 나라와 반대의 경험을 겪은 나라 사이에 존재하는 역사인식의 장벽을 새삼 확인케 해준다. 나아가서 이러한 장벽의 발전적 지양과 일방의 논리에 흡수되는 차이를 혼동하는 우리 사회 일각의 잣대 없는 '세계화' 구호는 더 큰 벽으로 다가온다. 뒤늦은 얘기지만 에커트의 한국사상을 둘러싼 제문제는 한국 학계가 만들어내야 할 학문

대 경제사에 대한 연구가 아직 활발하지 않은 시점이었다는 점을 감안할 때 더욱 그러하다. 당시까지 한말~일제하 기업사를 다룬 연구는 김용섭 등 일군의 지주제 사례연구들과 趙璣濬의 『韓國資本主義成立史論』(大旺社, 1973)과 『韓國企業家史』(博英社, 1973), 李漢九의 『日帝下韓國企業設立運動史』(靑史, 1989) 정도를 대표적으로 꼽을 수 있다.

4) 中村哲, 安秉直 譯, 『世界資本主義와 移行의 論理』, 비봉출판사, 1991.

방법론에 대한 절실한 고민거리이기도 하다.

　이 때문에 이 책을 두고 지적되는 문제의 근원은 우리에게 있다는 점을 먼저 자성해야 한다.

　한국 인문사회과학의 주류는 과장과 허구가 뒤섞이면서 널리 선전된 '경제성장'의 현상에 매몰되어 있었고, 비판적 흐름 역시 'IMF신탁통치'로까지 몰리는 상황에 대한 과학적 전망과 대안제시에 취약한 진단능력을 보였다. 미국 유학파가 주도하는 사회과학계는 해방 후 반세기에 이르도록 한국과 세계를 조망하는 독자적인 이론틀을 만들어내지 못했고, 이론적 자양분을 받아야 할 한국 사학계 또한 마찬가지였다. '경제성장'을 배경으로 1980년대 이후 새롭게 대두되었다는 식민지 시대상을 둘러싼 최근의 이견도 핵심논리를 보면 구태의연한 식민사관적 경향의 재생에 불과한데, 이는 바로 우리 학계의 취약한 학문적 기반에서 비롯되었다고 봐야 한다.

　이 글의 분석대상은 에커트가 실증적으로 보여준 식민정책과 이에 협력한 한 자본가의 '성공적' 자본축적 과정이나 행로 추적에 초점을 두지 않는다. 대신 이 사례를 통해 한국 근대사상과 특징을 끌어내려는 그의 역사관과 방법론에 초점을 둔다.

　3절에서 그의 역사상에 내포된 모순과 한계를 짚어보기로 하고, 이에 앞서 2절에서는 그의 주요 논지를 조선인 자본가, 식민정책, 식민지 유산, 허구적 민족주의론 등 4개의 범주로 나누어 정리하도록 하겠다.

2. 에커트 한국사상의 주요 논지5)

1) 현대 자본가계급의 식민지적 연원

이 책의 서문 첫 문장은 "한국경제가 지난 30여년간 세계경제의 주목을 받은 것은 이 시대의 한 위대한 이야기이며, 전세계적으로 학자들의 관심과 상상력을 사로잡고 있다"("서문," xi)는 에커트의 홍미로 시작된다. 이 홍미는 다른 외국인들이 남긴 개항기의 조선 기행담과6) 어우러져 자체 발전이 불가능했던 나라의 발전원동력이 무엇인가 하는 의문으로 이어지고 그에 대한 답 또한 분명하다. 즉 한국사에서 자본가계급은 1876~1945년에 생성되었으며, 자본주의 맹아를 조선시대에서 찾으려는 남북한 민족주의학파의 노력은 오렌지 밭에서 사과를 찾는 것처럼 무익한

---

5) 이하 본 2절의 4개 항에서는 서론, 결론, 본문(3개의 부와 8개의 장)으로 구성된 이 책의 요지를 에커트의 표현을 살려 정리하고자 했는데, 특별한 경우 외에는 인용 쪽수를 생략한다.

6) 예를 들면 북경을 보기 전까지 서울을 지구상에서 가장 더럽고 지저분한 도시로 묘사하거나(Isabella Bird, *Korea and Her Neighbors*, London: KPI, 1985, p.40), "(조선) 어디에서도 2~3류급 중국 도시에서조차 볼 수 있는 삶의 자취와 활기를 찾아볼 수 없고 인민의 상업정신은 깊은 잠에 빠져 있는 듯하다"(Ernst Oppert, *A Forbidden Land: Voyages to the Corea*, New York: G.P. Putnam's Sons, 1880, p.174)는 인용을 들 수 있다. 이상은 "서문," xi 및 p.9 참조.

탐구이다. 식민지 기간에 분명히 산업성장을 보였으며 식민정책은 결코 조선인의 능동적 역할을 막지 않았다.

지난 30년 동안 한국의 경제성장과 변화과정에서 한 부분만 찬양할 의도는 없지만, 식민정책의 역할을 부정한다면 근본적 문제를 사상하는 것이다. 식민지 유산에 대한 관심은 자연히 고창의 김씨 일가와 식민지시대에 처음으로 조선인이 소유·경영하여 대규모 생산기업으로 성장한 경성방직주식회사(이하 경방)에 모아진다. 한국사에서 일본의 존재는 사회경제적 근대화와 변화의 원동력이자 압제자였다. 조선인 자본가계급이 경제적 의미에서 일본의 침략으로 조금이라도 희생당했는가는 의문이다. 선택적으로 압제적인 식민주의는 변화의 촉매이자 한국자본주의의 틀을 잡는 도가니였다. 식민주의에 의해 자본가계급은 적어도 경제적 의미에서 희생자도 아니고 몰락은커녕 발전의 길을 걸었으며 일본의 보호 아래 처음으로 꽃을 피운 존재였다.

일본인들은 스스로를 위해 의도적으로 그리고 목표를 가지고 조선에서 자본가계급의 성장을 촉진시켰다. 한국자본주의는 일본의 지배하에서 일본의 보호를 받으면서 처음으로 꽃을 피웠다. 1876년 이전에는 꿈도 꿀 수 없었던 서민적 부의 축적이 개항 이후 국제무역과 밀접한 관련을 가진 객주와 여각의 상인들을 중심으로 가능해졌다. 1876~1919년간에 상당한 자본을 축적한 김씨 일가 등 왕성한 기업정신 소유자들에게 일제하 40년간은 행운의 시기였다. 경제발전에 대한 진보적 사상과 이를 실행할 수 있는 재력, 일본에서 습득한 역량을 보유한 김씨 형제는 식민지 개발정책의 변화에 힘입어 1919년경 지주자본을 산업자본(면직물 투자)으로 전환시켜 새로운 세대의 선봉으로 나섰다.

김성수(1891~1955)와 김연수(1896~1979) 형제의 친아버지인 김경

중과 김성수를 양자 입적한 경중의 형 김기중은 일본 메이지정부를 동경하던 개화당에 공감한 인물이었다. 17살인 1908년에 일본 유학을 떠난 김성수는 와세다대 졸업 후 6년 만인 1914년에, 15살인 1911년에 유학을 간 김연수는 교토대 졸업 후 1921년에 귀국한 조선인 최고의 엘리트였다. 한국의 학계는 김씨 일가의 사업을 민족주의적 관점에서 보려고 하지만, 김성수가 경방 경영을 시작한 1919년에는 새로운 투자를 위한 경제적 이유가 있었고 그들은 이러한 상황을 볼 수 있는 안목이 있었다. 일본의 쌀폭동 이후 미가 하락세에 대한 보충 방법의 하나가 비농업투자였고, 특히 면직물은 유럽산이 1차대전 기간에 아시아 시장에서 철수함으로써 유례없는 호황을 누리는 업종이었다.

2) 자본주의발전을 촉진한 식민정책

한국 학자들은 논리적 추구보다 일본을 비난함으로써 정서적 만족에 빠져 착취에 대해 고루하게 인식한다. 제국주의는 당연히 착취적이다. 오늘날까지 한국인의 일제시대상은 일본의 선정적 통치론을 교정한 그라잔제프(Grajdanzev)의 폭로[7)]에서 한 걸음도 나아가지 못했다. 착취에 주안점을 두면 일본의 계급차별정책을 보지 못하고 조선인 자본가계급이 일본의 지배를 견뎌낸 집단으로 묘사된다. 공장법 등 사회적 법령 밖에 있던 조선은 1차대전 이후 채권국으로 전환한 일본의 매력적인 잉여자본 투자처였다. 식민정책을 정치적으로 변화시킨 한 원인이었던 3·1운동은 식민

---

7) Andrew J. Grajdanzev, *Modern Korea*, New York: International Secretariat, Institute of Pacific Relations, 1944.

지 경제개발에 조선인을 포함시키는 계기가 되었다. 한 사람의 조선인 자본가라도 하위 협조자로 끌어들일 때 일본의 이익이 된다는 각개전파 전법이었다. 이러한 계급협력정책은 효과적이었고 조선의 산업자본주의가 꽃피고 발전하는 바탕을 제공하여 전쟁동원령과 흡수·합병이 이루어질 때에도 조선인 회사들에게 작은 영역을 제공했다. 한국 학자들의 전통적인 연구에서는 일본자본이 90% 이상이었다는 통계를 강조하지만 거꾸로 10%를 조선인이 차지했고, 특히 이 통계에서 빠진 합작회사는 협력적 자본주의의 이상형태였음을 중시해야 한다. 소규모라도 산업자본화한 조선인 상인·지주의 총수를 더 중시해야 하는 이 시기는 이병철, 구인회, 정주영 등 미래의 자본가를 위한 훈련장이었다.

특히 김성수는 귀국 직후부터 조선판 근대자본주의의 창출에 노력하면서 경성직뉴주식회사를 싼값에 인수하여 시의적절한 사업방향을 설정함으로써 '조선회사령' 폐지 이전인 1919년 10월에 회사 설립 허가를 받았다. 이후 경방의 경영권은 김연수가 맡았고 1935년에 사장으로 취임하면서 협력적 자본주의의 첫 사례를 기록했다. 경방의 번성기였던 1937~45년에 경방은 일제의 전시정책을 가장 효율적으로 돕는 도구였고 전 식민지시기를 통해서 가장 큰 이익을 거두었다. 하늘이 경방에게 준 행운이었던 전쟁이 계속될수록 일본은 직물 품질의 하한선을 낮추어 원가상승을 상쇄해 주었고 이윤보장을 위해 가격을 높여 주었다. 물자부족에 따른 공급자 위주의 시장에서 1933~45년에 고정자산을 50배 이상이나 늘인 경방에게 경쟁을 견디고 품질을 맞춰야 하는 평화시대는 오히려 장애물이었다. 김씨 일가는 식민통치가 준 경제적 기회를 이용하여 1945년 이전에 처음으로 재벌을 형성했다.

식민주의 모체에서 산란했지만 일본에도 없는 형태로 일본의 필요와 목적을 위해 생긴 총독부독재는 기업 성공에 장애물로 기능하기보다 오히려 그 반대였다. 한국자본주의가 1919~45년에 성장의 첫 물결을 탈 수 있었던 것은 독재체제의 비호 때문에 가능했고 식민지하에서 민주주의는 부적절했다. 억압적인 정부하에서 처음으로 성장과 번영의 대폭발을 경험한 자본가들이 해방 후까지 지닌 정치적 지혜는 독재정권이 경제적 측면에서 효율적이고 유익하다는 것이었다. 조선인 자본가계급이 일본인 자본가계급에 예속되는 것은 협력적 개발의 논리상 불가피했다. 만주국의 수립은 준공업국으로서 조선의 역할을 확실히 인식시켜 주었고 일본의 영토확장은 만주에 원료와 시장을 의지하게 된 조선인 기업가의 성장에 결정적인 역할을 제공했다. 경방의 경우 원료와 기술 획득과정에서 일본자본주의에 대한 심화된 의존관계는 판매를 위해 일제의 영구화와 깊은 이해관계를 갖게 되었다.

3) 전후 경제개발의 기초가 된 식민지 유산

식민주의는 전후 한국의 발전을 위한 사회적 기초와 자본주의적 성장방식을 남겨 주어 좋건 나쁘건 근대한국의 기원을 제공했다. 산업문명화의 대세 속에서 한국인은 기업의 첫 경험을 식민지시대에 시작했으며, 현대한국의 50대 재벌 설립자 중 60%가 이 시기에 사업경험을 가졌다. 조선인 자본가계급은 일제 지배하에서 주도권을 희생하면서 경제적 성공을 거두었지만 해방 후 그들의 위치는 미미했다. 결국 자본주의는 남한에서만 미국의 경제적·정치적·군사적 원조 속에서 살아남았다. 메이지 일본을 동경하던 박정희가 1960년대에 이끈 주요 기업가들은 1950년대의 경제재건, 1930년대 말~40년대 초의 급격한 산업성장과정에서 훈련된 사람들이었다. 1961년에 박정희가 권력을 잡았을 때에도 재계 최고의 거물로서 한국경제협의회 회장이었던 김연수 같은 인물은 1960~70년대의 새로운 산업화과정에서 적극적인 역할을 맡아 일본과의 경제적 유대관계를 다시 수립한다는 전제 위에 세워진 박정희의 경제개발계획에 소중한 존재였다. 국가의 중추적 역할, 민간 경제력의 소수 재벌 집중, 수출 강조, 경제성장 독려를 위한 전쟁위협론 등은 한국판 식민주의였다.

 일제하의 산업화를 인정한다고 역사적 결정론에 희생되는 것은 아니다. 특별한 방법에서 출발한 산업화는 비슷한 방법을 통해 쉽게 성공적으로 지속될 수 있다. 식민주의하의 토착 자본가계급은 정부의 지시와 후원에 익숙한 계급이었다. 해방 후에는 미국이 이들의 "형님" 역할을 계승했지만 이승만정부는 총독부의 특징이었던 경제성장을 수행할 의지가 없었다. 식민지 방식의 요소들은 박정희에 의해 다시 만개하면서 일본의 자본과 기술이 도입됨으로써 한국의 산업화양상은 훨씬 식민지적 원형을 닮게 되었다. 강권력과 높은 대외의존도, 이 두 가지 상황은 민족주의 감정에 충만해 있던 전후 한국인들에게 편치 않은 감정과 분노감을 일으켰다.

 그러나 급속한 산업화를 이룬 박정권 이래의 경제성장과 식민지 유산은 1948년 이후 한국의 정치·경제의 틀을 잡는 유일한 요소는 아니었더라도 식민지시대를 통해 희한하게도 "이미 보았던 느낌"(旣視感)으로 다가온다. 결국 한국 경제성장의 역사적 기원을 이루는 "식민지 유산의 어두운 측면은" "남한의 기적을 위해 역사가 강요한 엄청난 대가"일 뿐, 자본주의에 의한 "역사의 철저한 승리"(prevail with a vengeance)임에는 확실하다.

4) 한국의 사대주의와 허구적 민족주의론

조선인 자본가계급은 무권리상태의 값싸고 예속적인 노동력착취, 일본경찰의 중재와 후원에 의존한 결과 사회적으로 이념적 지도력을 가질 수 없었다. 김연수 같은 자본가는 일본군국주의자들만큼이나 제국주의체제가 영속되기를 원했다. 결코 일제를 옹호하자는 것은 아니지만 한국 학자들의 민족자본 신화는 허구적이다. 1945년경 일본 - 조선 - 만주를 잇는 연쇄계열의 필수부분이었고 식민지 산업정책과 재정·금융적 결탁을 통해 총독부가 사실상 경영까지 좌우한 경방과 같은 회사를 두고 식민지당국과 일본자본의 협력 없이 발전할 수 있다고 생각하는 것은 이성과 상식을 부정하는 것이다. 경방은 민족주의 논리를 이용했지만 결코 민족주의에 참여하지도 일제의 정책에 도전하지도 않았고 오히려 조선문화의 말살을 노린 전시동화정책에 협력했다.

산업화의 식민지적 성격 때문에 반민주적 자세를 확신하게 된 한국의 자본가계급은 역사적 속성상 비특권층과 타협할 수 없었고, 민족주의자로서의 신분증명 결여에서 비롯된 불안한 정치적 지위는 더욱 총독부의 억압적 권력에 의존하게 만들었다. 경제적·민족주의적 불만이 만연하는 가운데 독재는 자본축적을 위해 편리한 양식으로서 자본가의 생존을 위한 정치적 필수조건이었다. 1945년경 자본가계급은 물적·이념적 이유 때문에 조선사회와 배치되는 계급이었다. 3·1운동은 민족주의가 계급을 넘어설 수 있음을 보여주었지만 대부분의 조선인 자본가는 1930년대 말엽에 일제의 민족말살정책을 도왔다. 이것은 3·1운동의 실패, 일제의 군사력, 조선을 도와줄 외국이 없다는 절망감, 그리고 조선인 자본가의 역사보다 길고 한국사만큼 오래된 사대주의 때문이었다.

　남북한 학자들은 전체 한국사를 민족주의로 이해하려 하지만 7세기 이후의 지배계급은 문화적으로 중국중심 문화의 일원으로 생각했다. 국왕은 중국 황제가 책봉했으며 양반귀족들의 문자는 한자였고 교육의 교재도 중국 고전이었다. 1876년 이후에 전통적 엘리트들은 그 중심을 일본으로 바꾸었고, 이 중 일진회는 일본을 반서구·범아시아 문화의 중심으로 인식하면서 노골적으로 한일합방을 주장했다. 일본인, 그들 자신, 동족에 대한 애증의 감정을 지닌 조선인 자본가는 인종차별에 분노하면서 동족과 굳은 단결의 감정을 지녔으면서도 발전과정에서의 역할 때문에 다른 계층보다 일본의 사회와 문화에 동화되었고, 결국 그 성격까지 동화되었다. 일제의 협력적 자본주의정책은 식민지제도 안에서 조선인 기업가에게 기득권을 제공함으로써 이들이 갖고 있던 민족주의 또는 일본에 대한 민족적 분노를 희석시켰다. 조선이 독립국이었던 때를 기억하는 세대에게도 식민주의는 일상화되어 갔다. 시간이 지나면서 자본가계급의 독립에 대한 회의는 깊어져 갔고 식민지제도 안에서 발전의 기회를 이용하자는 방식으로 바뀌어 갔다. 이들은 식민지 지배자들의 조선인 동원방법으로서 일본인과 조선인의 법적·사회적 평등문제에서 양면성을 띠었던 내선일체정책이 실현 가능하다고 생각했고, 대부분의 조선인과 달리 오히려 이 정책이 충실히 이행되지 않을 것을 우려할 정도였다.

　1921년에 민족운동의 비타협적 자세에서 벗어난 김씨 일가는 식민지 지배하에서 조선인 자력으로 신문 및 잡지의 발행, 학교

운영, 공장 가동을 통한 교육과 사업부문에서의 엘리트주의적 계급활동을 민족주의의 핵심요소로 생각하고 문화적 민족주의라는 양다리 걸치기가 가능하다고 생각했다. 그러나 그 자체가 모순이었다. 김씨 형제는 1921~38년에 일제의 지배를 공공연하게 인정한 적도 없었지만 공공연하게 비난한 적도 없었다. 1938년 이후에는 이러한 양다리 걸치기도 불가능해졌다. 내선일체정책은 김씨 형제와 자본가계급에게 민족주의자로서의 책임에 대한 마지막 시험무대였다. 김성수는 동생보다 덜 낙관적이었는지는 몰라도 일제의 승리에 대비하여 선택 가능한 길을 열어 놓고 있었다. 이들의 내선일체 참가는 부르주아민족주의의 최후를 의미했고 뚜렷이 예견된 종말이었다. 식민지 지배하에서의 자본주의 발전 논리는 이익과 윤리적 측면에서 애초부터 조선적이라기보다는 일본적 자본가계급의 탄생을 추구한 것이었다.

3. 자본주의 예찬론에 의해 되살아난 식민사관

1) 자본주의 예찬에 가려진 식민지자본주의와 식민지적 근대

이 책에서 에커트의 분석무기는 제국주의와 식민지에서 운용되는 자본주의 사이의 질적 차이를 도외시한 채 자본가 또는 자본주의라는 현상적 공통점만 추출하여 확대할 뿐, 다양한 스펙트럼(현상)에서 색(본질)을 구분하는 프리즘 기능이 없는 '자본주의 돋보기'이다. 이 돋보기는 식민지자본주의 시스템의 주체와 운용

내용, 그 전망과 궁극적인 결과를 판별하지 못한다. 김씨 형제와 경방에 초점을 맞출 뿐 식민지자본주의하의 자본가그룹 전체를 거시적으로 담지 못한다. 그리고 일제하에서 '성공'한 한 자본가가 해방 후 남한경제에서도 주요 재력가였다는 점을 부각시켜 자본주의에 의한 "역사의 철저한 승리"(259쪽)를 주장한다.

우리의 탐구대상인 식민지적 근대[8)]와 에커트의 근대인식의 공통점은 자본가 또는 자본주의라는 현상뿐이다. 에커트는 세계사적 차원에서 근대가, 자본주의를 앞세운 서양(일본) 근대의 침략과 폭력, 살육이 제3세계와 접하면서 식민지적 근대라는 또 다른 축과 함께 구성되었다는 점을 간과한다. 식민지적 근대는 ① 근대국민국가의 수립, ② 부와 자원의 유출 및 유실을 막고 국가구성원을 위해 생산적으로 사용할 수 있는 정책결정의 주권회복, ③ 식민정책으로 압살된 민주화 영역의 확보, ④ 자기 문화와 역사에 대한 정체성(正體性)의 회복 등 중차대한 과제를 안겨 주었다. 일국사적 근대의 모순과 달리 식민지적 근대의 중첩된 모순은 투쟁대상이 무자비한 폭력을 동원한 제국주의였기 때문에 역사적 비용과 손실 또한 엄청났다. 한국사에서 식민지적 근대의 제모순은 8·15로 해결된 것이 아니라 여전히 분단시대의 사회발전을 위해 극복되어야 할 장애요인으로 남아 있다.

---

8) 식민지적 근대의 내용은 ① 축적기구가 아닌 유출기구로 기능하는 식민지자본주의, ② '근대'사상의 유입에 수반된 자기 문화와 역사에 대한 열등의식, 민족의식과 正體性이 배제된 기능적 교육, ③ 국가 구성원의 존재기반이고 자본축적기구의 확보를 위해 국내 자본가계급이 장악해야 할 국민국가 수립의 압살, ④ 근대성의 실현가치인 민주주의 훈련의 봉쇄, 민주주의적 정치지도자 양성의 실패 등으로 요약된다(정태헌, "한국의 식민지적 근대화 모순과 그 실체," 『한국의 근대와 근대성 비판』, 역사비평사, 1996 참조).

이에 반해 양적 경제성장을 주목하는 단선적 근대주의자이자 자본주의 예찬론자인 에커트는 자생적 발전이 불가능한 한국에서 첫번째 경제성장을 가능케 한 총독부독재를 답습한 박정희시대의 경제정책이 일제하의 경제인들에게 경제력을 행사하게 함으로써 두번째 경제성장을 가능하게 했다고(255-256쪽) 강조한다. 일제가 왜 조선을 식민지화했고 자본주의제도를 이식했으며 제국주의자본주의와 식민지자본주의의 차이에 대한 근원적인 의문이나 근대의 양면성에 대한 고민은 무의미하다. 일제가 조선인 자본가를 비호했다고 단정하지만 자본가계급 내의 계층별·업종별로 전시통제기에 이르기까지 어떻게 비호했는지 그 내용과 결과에 대한 검증도 제시하지 않는다.9) 일제의 통제 가능한 범위에서 이식된 자본주의제도의 틈새에서 조선인 자본가도 시장확보를 위해 노력했고 공장수가 늘어난 사실이 일제의 비호 때문이라면 이 시대에 나타나는 모든 파생물을 일제의 지배 때문이라고 인식하는 순환논리이다. 식민지적 착취의 본질과 특징이 그의 관심대상에서 사실상 배제된 결과, 식민지하에서 '개발·성장'된 생산력의 향방 및 조선인 자본가 일반의 동향과 일본인보다 더 일본적이었던 몇몇 조선인 대자본가에게 가능했던 축적기제의 상관관계도 보이지 않는다.

식민지시대에 대한 한국인의 고민은 감정적 차원에 불과하다고 격하되지만10) 기존 통설을 비판하는 논리적·실증적 근거가

---

9) 이 책에서는 조선인 자본가그룹 전체에 대한 거시적인 분석도 없이 에커트의 판단만으로 그 성격이 거론된다.

10) 에커트의 '미국적' 韓國史像에 비추어 어려운 주문이겠지만, 한국인의 식민지상이 감정에 치우쳐 있다 하더라도 역사가라면 그것의 역사적 배경과 현실적 의미를 따져봐야 한다. 미국의 인종문제를 감정 차원의 문

취약하다. 이 때문에 그의 논지는 일제를 옹호할 의도가 없다는 단서(65쪽)와 달리 '신선하고 필요한' 비판의 대상이었던 수십년 전의 일제 선정론을 대하는 '기시감' 이상을 넘어서지 않는다.11) 그는 자신의 논지를 부각시키기 위해 국내의 관련연구를 짚어 봤다면 주장하기 어려운 논조, 즉 1980년대까지 한국의 학계가 식민지시대의 자본주의를 인식하지 못했고 조선인 자본가가 '성장'했던 점을 외면했다고 강변한다. 그래서 경방 사례는 식민지 지배기간의 자본가 성장을 확인했다는 근거로, 나아가서 식민지 지배를 통해 해방 후 한국자본주의도 성장했다는 논거로 확대된다. 왜냐하면 "부르주아는 독일처럼 자유주의가 비틀거린 곳에서조차 결정적 변수"였고 "모든 자본주의사회에서 필연적으로 국가정치 형성에 중요한 역할을 맡기"(257쪽) 때문이라는 것이다.

물론 이러한 원칙은 총독부권력을 배경으로 '일본적 자본가계급'을 지향한 조선인 자본가들의 경우 "조선사회에서 결코 이념적 지도자의 위치를 가질 수 없어"(189쪽) 적용되기 어렵다고 지적한다. 그러나 그 차이는 더 이상 탐구의 대상이거나 고민의 대상이 아니다. 즉 독일에서조차 부르주아는 국민국가의 테두리 안에서 발전할 수 있었다고 하면서도 정작 국민국가를 상실한 식민지자본주의와 그 속에서 존재하는 자본가의 의미는 추구하지

제로 접근한다면 설득력이 떨어지듯이 사회적·국가적 차원의 감정은 분명한 물적 기초와 역사적 근거가 있기 때문이다.

11) 그는 Andrew Grajdanzev의 저서가 日帝善政論에 대한 '신선하고 필요한 교정'이었지만 수십년이 지난 오늘날까지 한국 학자들은 이를 넘어서지 못한다고 비판한다(pp.50-51). 미국의 대일 적대감이 고조된 태평양전쟁기에 출간된 Grajdanzev의 저서는 에커트가 생각하는 만큼 '고전적'으로 한국 학자들에게 큰 영향을 미쳤다고 보기는 어렵다.

않는다. 과거사는 그 자체로서 정당화되며, 역사가 근대─자본주의─로 마감되듯이 과정의 모순에 대해 무관심하고 모순 극복을 위한 운동에 적대적이기도 하다. 특히 "'한강의 기적'은 이론적이지 못한 신좌파에게 제3세계의 자본주의와 경제성장에 관한 그들의 가장 기본적인 이념에 의문을 품게"("서문," xi) 만들었다면서, 식민지적 유산을 안은 정경유착의 부패와 독재에 저항하는 제3세계의 민주화운동을 평가절하한다. 자본주의 예찬론적 승리사관은 "식민지라는 배경하에서 민주주의가 부적절했던"(190쪽) 한국자본주의가 해방 후에도 독재체제하에서 계속 성장할 수 있었다고 결론짓는다. 후진국에서 민주주의는 역사과정의 큰 범주에서도 무의미하고 경제성장의 길에도 어긋난다는 것이다. 이처럼 근대주의적 역사관의 경제성장론은 식민지 유산을 오늘날 남한경제의 성장배경으로 지적하면서 근대화를 민주화[12]와 대립시키고 산업화로 제한시킨다. 식민지적 근대와 근대 사이의 차이를 단순히 단계의 차이로 간주하는 단선적·양적인 근대인식은 내부개혁과 총체적 민주화에 대한 문제의식을 부정한다.

식민지자본주의를 기반으로 한 식민지적 근대에 대한 우리의 관심은 '성장-개발'의 지표를 확인하는 수준을 넘어선다. 전근대시대의 정복이나 복속체제와 달리 제국주의시대에 걸맞게 조

---

12) 에커트의 논리는 독재와 정경유착이 자원분배에 효율적이었다는 유신체제 논리와 일맥상통한다. 재벌의 이해관계에 국한된 이러한 단견은 사실 검증된 바가 없고 오히려 독재와 정경유착에 따른 구조적인 부패, 즉 식민지모델은 생산력제고와 발전을 가로막는 큰 요인임이 명백하게 드러나고 있다. 한국사회에서 민주화운동은 정치제도의 차원을 넘어, 예를 들면 1997년 하반기 이후 파국에 빠지게 된 한국경제의 역사적 배경에 대한 문제의식이라는 넓은 차원에서 인식해야 한다.

선사회에 대한 가장 효율적인 수탈체제를 가동시키려면 자본주의화는 필수적이기 때문이다. '조선회사령'의 운용과 철폐과정에서 드러나듯이 일제의 통제범위 안에 있다면 조선인 자본가의 활동은 막을 필요도 없었고 때에 따라서는 장려할 필요도 있었다. 식민지자본주의는 근대국가를 기반으로 한 자본주의와 비교할 때 발전전망, 축적의 구조와 운용의 주체 등에서 질적인 차이가 있다. 자본주의를 논할 때 필수적인 한 요소는 개별자본 및 자본 일반의 축적구조와 국가권력이 보응하는 상관관계의 구축이다.13) 즉 자본가계급이 이념적·사회적 주도력을 갖고 자신들의 이해관계를 국가정책에 관철시킬 수 있는 체제를 뜻한다. 그러나 일부 조선인 대자본가들이 제한된 기간에 제한된 범주에서 진언 수준이나마 자신들의 이해관계를 표명하기는 했지만, 국민국가를 상실한 식민지자본주의하에서 이러한 체제는 성립될 수 없었다.

식민지자본주의 체제는 조선인 자본의 국내적 축적구조를 불안정하게 했고 나아가서 일제가 도발한 전쟁의 범위가 확대됨에 따라 조선 내 보유자원(인적·물적)과 생산력(자금)의 유출기구로도 기능했다. 따라서 식민지자본주의하에서 틈새를 이용하던 조선인 자본 일반이 경방처럼 일제의 통제를 '뜻하지 않은 혜택'(126쪽)으로 변화시켜 계속 성장할 수 있었는가는 회의적이다. 식

---

13) 자본소유자(자본가) 개인 및 집단과 국가의 관계를 주목하자는 것이지 자본축적 기반이 반드시 일국 내에 존재해야 한다는 주장은 아니다. 자본에는 국적이 필요 없을 수 있지만 자본가에게는 강력한 국가가 필수적이다. 자본의 세계화가 발전해도 이를 유지·보호할 수 있는(자본가가 속한) 국가의 힘은 필수적이다. 근대세계에서 자본의 세계화는 국민국가 간의 힘의 관계를 떠나 생각할 수 없기 때문이다.

민지 지배기간에 조선에서 일본으로 직접 유출된 부문과14) 조선 내에서 일본인을 위해 지출된 부문을15) 포함한 자금수탈의 규모를 주목한 최근의 연구16)는 조선인들이 특히 식민지 말기에 초근목피로 연명했다는 상황이 과장된 표현이 아님을 보여준다. 통계로 확인되는 식민지자본주의의 '경제성장' 기간(1911~38년)과 수탈의 집중기간(1937년 이후)은 일치하지 않지만 전시의 집중적 수탈은 이전 기간의 '성장'을 배경으로 가능했다. 결국 일제 지배기간에 민족해방운동에 적대적이면서 이윤추구에 몰두한 조선인 자본가 일반의 축적 또는 자본가로서의 명맥 유지, 독자적이고 주도적인 위상의 확보가 궁극적으로 어느 수준에서 가능했는가에 대한 거시적인 전망 없이 경방의 사례를 통해 일반화시키려는 에커트의 식민지상은 극히 취약할 수밖에 없다.

이러한 논리전개 방식은 '성장'을 구가했다는 식민지자본주의 하에서 미곡증산에도 불구하고 일반농민의 쌀소비량이 격감하여 대부분의 농민들은 춘궁민을 면치 못했고, 고향을 등지고 만주로 떠나거나 도시빈민층 또는 화전민으로 전락했는데도 에커트에게는 조선인 일반의 삶은 관심대상이 못 된다. 인구의 대규모 강제이동인 징병, 징용이 시작되기 이전에 식민지자본주의는 이미 총

---

14) 대표적으로 군사비, 공채원리금, 일본국채 구입비 등을 들 수 있다.
15) 일본인에게 지출되고 일본인 상권을 위해 회전된 부문(일본인 관리 봉급 등), 일본인에게 대출된 미회수자금, 일제의 패전 직전·후에 일본인에게 긴급 인출된 자금 등을 들 수 있다.
16) 정태헌, "일제하 자금유출구조와 조세정책," 『역사와 현실』 제18호, 1995; "식민지 재정기구를 통한 세출의 용도와 성격," 중앙일보사, 『일본의 본질을 다시 묻는다』, 1997; "일제하 재정·금융기구를 통한 자금흐름의 실태," 한국정신대연구회, 『한일간의 미청산과제』, 1997; 정병욱, "식민지 금융기구를 통한 자금의 유출입과 성격," 중앙일보사, 앞의 책.

인구의 10%를 훨씬 넘는 인구를 제 땅에서 내뱉거나 화전 유랑민으로 전락시켰다.17) 에커트가 강조하는 대로 많은 한국 학자들이 식민지시대를 진부하고 감정적으로 인식했다 하더라도 식민지적 착취의 본질에 대한 연구는 실체의 규명을 위해 여전히 중요하다. 그러나 그 자신도 연구할 필요가 있다고 인정한 '식민지 유산의 어두운 측면'은 구체적 대상도 모호하고 '전체상에서 양(陽)에 대한 음(陰)'으로서 "남한의 '기적'을 위해 역사가 강요한 엄청난 대가"("서문," xii)라는 국외자의 오만한 판정대상에 지나지 않는다. 이 책의 사례도 양의 유산으로 주목되었겠지만 그의 논지를 뒷받침하기에 무척 버겁게 다가온다.

2) 자의적인 단선적 자본가 계승론(일제하~해방 후)

(1) 사례선택의 비논리성과 근대에 대한 철학부재

사례연구는 새로운 사례를 발굴하고 기존 통설에 의문을 제기하여 새로운 역사상을 제시하거나 기존 통설에 동의하면서 그의 구체성과 외연을 확대시키기 위한 것이다. 이 책은 전자에 해당되지만18) 어느 경우든 제시된 사례는 연구자가 의도하는 전체상

---

17) 화전민은 1920~30년대 기간에 120만명이 넘었다. 만주 이민은 만주국 수립 이전에 60여만명, 1941년 말에 150여만명에 이르렀다(『朝鮮總督府施政年報』, 1941, p.483).
18) 에커트가 어떻게 이해했고 자신의 기존 생각이 무엇이었는지 알 수 없지만, 김씨 일가의 지주제 경영에 대한 김용섭의 사례연구("한말 일제하의 지주제 - 사례 4: 고부 김씨가의 지주경영과 자본전환," 『한국사연구』

과 논리적·실증적으로 조응되어야 한다. 에커트의 주장이 논리 정합적이려면 ① 기존 통설에서 무엇이 문제이며 그가 새로 제기하는 식민지상이 왜 타당한가, ② 사례선택이 그의 식민지상을 논증하는 데 어떻게 적합한가에 대한 설득력이 따라야 한다. 그러나 그 이 두 가지 모두에 대한 답은 회의적이다.

첫째, 기존의 통설이 문제가 있다고 해서 이를 비판하는 에커트의 식민지상이 타당하다는 양자택일은 성립되지 않는다. 물론 식민지자본주의의 실상을 보지 못한 채 일제가 자본주의의 전개를 억압했다고 전제한 후 막연하게 '일제가 수탈했다'는 식의 구태의연한 식민지상은 비생산적이다. 이 때문에 한국 학계에서는 이에 대한 비판적 연구가 제시되었으며[19] 조선인 자본가를 식민정책에 적극 포섭하는 '문화정치'의 계급분할통치를 다룬 연구도 나온 바 있다.[20] 근래에는 식민지자본주의의 본질을 다양한 측면에서 정치하게 파악하려는 방향으로 나아가고 있다. 그런 점에서 식민지하 자본가의 실체를 객관적으로 보지 못하면 일제의 계급차등정책을 간과하고 자본가 일반이 일제의 지배를 어렵게 견뎌낸 집단으로 묘사된다는 에커트의 비판(51쪽)은 동의할 수 있다. 문제는 사례연구를 통해 식민지상을 추론하는 방식이다.

둘째, 이 책의 사례는 에커트의 식민지상을 일반화하는 소재가

19, 1977)가 "경방과 식민지에서의 자본주의적 발전에 대한 나의 생각을 완전히 재평가하게 만들었다"고 기술하고 있다. "서문," xiv.

19) 대표적으로 金俊輔의 『農業經濟學序說』(高麗大 出版部, 1967)을 들 수 있다.

20) 에커트도 '협력적 자본주의정책'으로 '문화정치'와 식민정책의 특징을 언급했지만(특히 pp.44-49) 1920년대의 '문화정치'를 다룬 대표적인 연구는 일본에서 1979년에 출판되어 이듬해 한국에서 번역 출간된 강동진의 연구(『일제의 한국침략정책사』, 한길사, 1980)가 있다.

될 수 없다. 부분과 전체를 혼동하여 김씨 일가에 대한 상을 식민지자본주의의 전체상, 그리고 오늘의 한국자본주의로 바로 등치시키는 논리의 비약을 범한다.21) 사례기업이 해방 후에도 유력한 재벌로 존재하고 취약한 사회적 기반 때문에 여전히 강력한 독재권력에 의존하여 일제하의 모습을 재현했으며, 경제성장도 이들처럼 일제하에 사업경험을 쌓은 자본가가 존재했기 때문에 가능했다는 것이다. 그러나 식민지자본주의하에서 조선경제에 대한 총체적 수탈과 특정 개별자본가의 축적은 모순되지 않으며 오히려 식민정책의 효율성을 높이기 위해 필수적일 수 있다. 따라서 일제의 중국침략 이전까지 별 재미를 못 보거나 어려운 지경에 처했다가 전쟁을 계기로 일제의 후원으로 시장조건이나 품질을 고려할 필요 없이 좋은 가격이 보장되어 땅 짚고 헤엄치기 격으로 부를 축적한 한 기업의 실체를 드러냈다는 점은 의미가 있다. 다만 그의 '새로운' 식민지상이 일반화되려면 사례기업과 정반대로 자신의 이해관계를 관철시킬 국가기구의 부재, 즉 식민지성의 또 다른 현상으로서 자본가로서의 수명을 마치거나 정체 또는 축소과정을 거치면서 주변화하게 된 계층, 전시통제기의 물자난을 틈타 한 밑천 잡는 계층 등 다양한 범주를 포괄할 수 있어야 한다. 에커트에게서 이러한 제계층의 상관관계를 추론할 여지는 없다. 오로지 일제 때의 한 자본가가 해방 후에도 독재권력에 편승하여 계속 한국사회를 이끌어간다는 '기시감'(旣視感)을

---

21) 이러한 논리전개 방식은 이 책의 큰 특징이다. 토착(native) 기업인이 금융지원을 받지 못했다는 서상철(Sang-chul Suh, *Growth and Structural Changes in the Korean Economy, 1910~1940*, Council on East Asian Studies, Harvard University, 1978, p.103)의 논거를 증거가 없다고 비판하면서(p.52) 제시한 반증 사례도 김씨 일가였다.

통해 자본주의에 의해 "역사는 철저하게 승리한다"(259쪽)는 개인적 확신만 되풀이될 뿐이다.

경방이나 삼양사가 1960~70년대는 물론 오늘날까지도 한국경제를 좌우하는 선두 재벌로 남아 있다면 그의 논증은 더 화려했겠지만, 그의 논리전개 방식을 따르면 수많은 이어령 비어령 식의 주장이 난무할 수 있다. 두 가지 예를 들면 다음과 같다.

첫째, 조선인 자본가 중에서 월등한 경영기법을 축적한 재벌의 위상이 해방 후에는 왜 상대적으로 축소되었을까?[22] 개별기업의 흥망성쇠는 당연한 일이지만, 한 사례를 통해 한국자본주의사를 재단하고 일제하~해방 후에 걸친 자본가계급의 단선적 계승을 강조하는 논리전개의 특성상 이 단순한 의문에 대해서도 답이 있어야 한다. 이 책의 사례연구 방식을 따라 해방 후에 몰락한 화신재벌을 사례로 삼는다면 전혀 다른 결론이 도출될 수 있다. 박승직의 경우에는 식민지지배의 틀을 벗어났을 때 비로소 재벌 대열에 낄 수 있었다고 주장할 수도 있다. 자연연령 조건을 무시한다면 이러한 주장은 이병철과 정주영에게도 적용된다. 억측이라고만 할 수 없는 것이 실제로 정주영은 1940년에 자동차정비 공장인 아도서비스를 설립한 이후 '기업정비령'으로 1943년 초 일진공작소에 강제 합병당한 상황을 두고, "말만 합병이지 합병 아닌 흡수였다. 동업자였던 이을학, 김명현씨가 먼저 빠져나가고, 강제 합병된 회사에 아무 의욕도 정열도 없었던 나 역시 곧 손

---

[22] 김연수나 김용완이 해방 후에 역임한 재벌모임의 총수 자리는 부의 규모 외에 연륜과 서열을 강조하는 재계의 보수적 관행을 고려해야 한다. 한 예로 1970년대 후반부터 매출액 순위로 수위 다툼을 한 대우그룹의 김우중(현재는 채권단에게 경영권을 박탈당했지만)이 전국경제인연합회 회장이 된 것은 60살이 넘은 1998년에 이르러서였다.

을 떼었다"고 회고한 바 있다.23) 박흥식의 경우에도 전형적으로 드러나는 대외의존성, 부패성, 천민성, 취약한 민족성 때문에 한국 자본가군은 해방 후에 반민주적인 국가권력에 종속될 수밖에 없었고, 1950년대에도 국가와 사회를 이끌거나 자본축적에 그다지 성공적이지 못했다. 이들이 5·16쿠데타 직후 부정축재자로 낙인찍히고 일시적으로 정치적 희생양이 된 것도 이를 반영한다. 이후 군사정권의 경제개발정책에 편승하면서 새로운 정세에 적응한 자본가층은 일제하에 사업경험을 쌓아 '성공'한 계층만 포함된 것도 아니다.

둘째, 현대한국의 재벌 설립자 가운데 60%가 일제 때 사업경험을 시작했다는(254쪽) 에커트의 주장24)은 일제하~해방 후를 잇는 자본가층의 단선적 계승론을 뒷받침하는 듯하지만 사실상 논리에 큰 허점이 있다. 자본주의라는 공통점을 가진 식민지하에서 기업욕 소유자가 기업경험을 쌓고 자연연령에 비추어 해방 후에도 이들이 남아 있는 것은 당연하다.25) 그러나 똑같은 분석방식을 적용하되 일제하에 기업경험을 가졌던 사업자군 가운데 해방 후에 몰락한 사례를 검출하면 전혀 다른 식민지상이 도출될 수도 있다는 점을 생각할 필요가 있다. 그가 보여주는 표본추출 방

---

23) 정주영,『이 땅에 태어나서—나의 살아온 이야기』, 솔, 1998, pp.42-43.
24) 물론 이 통계는 다른 연구(서재진,『한국의 자본가계급』, 나남, 1991)와 다소 차이가 있지만, 이 글의 초점은 수치의 차이가 아니라 수치를 둘러싼 시각 자체에 두고 있다.
25) 시기적으로 일제시기와 겹치는 모든 현상을 식민정책의 결과로 단정하는 우는 피해야 한다. 일제 때 사회주의가 출현했지만 우리는 그것을 식민지지배와 무관하게 근대의 보편적인 현상으로 이해한다. 좀 우스운 얘기지만 깡패집단이 일제 때 본격적으로 출현했다고 이를 식민지지배 때문이라고 강변하지도 않는다.

식은 해방 후 재벌과 군사정권의 유착으로 이루어진 남한경제를 대상으로 할 때 그의 역사상을 뒷받침하는 유혹적인 방법일 수 있다. 그런데 이 방식을 한국보다 오랜 기간 식민지지배를 겪었지만 전후에 중소자본 중심으로 경쟁력 있는 경제기반을 구축했다고 평가되는 대만에 적용한다면 어떤 결과가 나올까? 예상되는 표본추출 비율이 너무 적어 시도조차 할 엄두도 나지 않을 것이다. 식민지를 경험했던 지역에 일관되게 통용되기 어려운 분석방법은 보편성을 띨 수 없고 그만큼 자의적이라는 비판을 벗어나기 어렵다.

근대-자본주의에 대한 에커트의 빈곤한 철학은 일제하~해방 후를 단선적으로 연결시켜 한 대자본가의 '성공적' 축적만 부각시킬 뿐, 권력과 자본의 부패한 유착에 따른 생산력적 한계와 모순을 주목하지 못한다. 이것은 제3세계의 민주화에 대한 그의 부정적인 입장과 궤를 같이한다.[26] 그러나 한국전쟁 이후 1970년대 초까지 북한의 경제성장속도가 남한보다 빨랐지만 그 이후에 남북한의 경제력 격차가 역전되면서 확대되었다는 사실은 총체적인 민주화영역의 확대가 경제발전과 밀접한 관계를 갖고 있음을 보여준다. 1997년 하반기부터 폭발적으로 드러난 한국경제의 모순은 권력과 자본의 비생산적이고 부패한 유착을 해체해야 하는 과제, 넓은 의미에서 민주화 성취의 중요성을 다시 한번 확인해 준다. 권력과 자본의 유착을 둘러싼 문제도 자주성의 측면에서 한계는 있지만 국가기구를 유지한 상태와 국가를 상실하여 국내의 자본축적을 위한 정책결정권이 없는 식민지 사이의 차이는 현격하다. 민주화 확대의 여지는 자국민을 기반으로 한 국가기구를 갖고

---

26) 앞의 1항 참조.

있는 상태에서 비로소 찾을 수 있는 것이다. 에커트에게 양자의 차이에 대한 문제의식은 없다.

(2) 민족자본가론을 둘러싼 기존 연구인식의 오류

에커트는 한국민족주의 또는 민족자본가론을 통렬하게 비판한다. 일제하의 대자본이 표방한 민족주의의 허구성을 폭로하면서 1980년 이전까지 대부분 또는 모든 남한 학자들이[27] 조선인자본을 민족자본으로, 경방을 민족자본으로 이해하는 민족주의의 '신화'(66쪽) 속에 갇혀 있다는 것이다.[28] 먼저 지적할 것은 그가 거론하는 한국 민족주의가 근현대사의 어떤 사상적 조류를 가리키지 않는다는 점이다. 그보다는 자본주의의 기원을 한국사 먼 곳에다 설정하여 미화하려는 남북한 사학계나, 일제하의 조선인 자본가들이 일본과 대적했다고 보는 '민족주의학파'(school of nationalistic scholarship)를 지칭하는 수식어에 가깝다. 결국 한국민족주의를 통렬하게 비판하지만 그것에 대한 이해가 모호하고 한국근대사에서 민족주의가 갖는 의미를 진지하게 생각하지 않는다.[29]

---

[27] 북한 학계는 1960년대부터 민족자본과 예속자본을 구분했다며 『역사과학』의 논쟁을 소개하고 있다(pp.66, 284).

[28] 국내 학자들에게 문턱이 높았던 경방의 자료창고를 자유롭게 접하면서 살아 있는 옛얘기를 들을 수 있었던 기이한 국내사정을 이해했다면, 한국 학자들이 '경방=민족자본'이라고 전제한다는 자신의 규정에 의문을 가질 수 있었을 것이다.

[29] 에커트가 한국민족주의 개념 자체를 이해하고 있는지 의문도 든다. 예를 들어 한국사에서 7세기 이후 사대주의에 물든 엘리트계급이 민족주의를 미개한 것으로 간주했다(p.226)고 했을 때 사용된 민족주의는 용어 자체도 부적절하고 일제하의 민족주의를 지칭할 때와는 구별되어야 한다.

따라서 여기서는 논의를 확대하기보다 에커트가 자기 논거의 독창성을 드러내기 위해 비판의 중점에 둔 조기준의 자본가상을 검토하고자 한다. 한국 학계에서도 흔히 조기준의 논지를 조선인 자본=민족자본론으로 이해하기도 한다. 조기준은 국가와 경제적 자주권을 잃은 한국근대사의 특징을 경제성장 중심으로 논하는 것을 부정하고 반제반봉건투쟁에서 찾아야 한다고 보기 때문에 에커트의 한국 근대사상과 크게 다른 것 같지만 기본적 논지[30]는 오히려 상당부분 일치한다.

조선 후기의 자본주의 맹아를 비판적으로 보는 조기준은 1920년대 이래 조선인 기업가의 절대다수가 서민 출신이었다는 점을 들어 일제하의 반제반봉건투쟁 주체가 민중 또는 대중의 기반 위에서 전개되었다고 주장한다. 서양의 근대 경험에서 막스 베버가 그린 진보적 자본가상을 식민지하의 조선인 자본가에게 부여하여 식민지를 극복하고 현대사의 사명을 수행하는 주체는 근검 저축 정신과 진취성이 강한 자본가로서 이들이 일본자본의 진출에 대항하며 성장했다는 것이다. 특히 평양의 메리야스 및 양말공업, 고무신공업은 사환에서 출발하여 근검 저축하여 자본을 모아 자영공장을 건설한 서민·소상인 출신이 주도했다는 것이다. 저임금조건 외에 한말 이래의 교육정책에 힘입어 사업개척의 의지와 계산성이 분명한 이들은 기업의 성패를 떠나 민족주의를 기업동기 및 행동양식으로 삼았던 개항기와 달리,[31] 이윤극대화

---

[30] 앞의 주 3)의 두 책을 참고한 조기준의 민족자본론은 주 8)에 인용한 졸고(pp.260-263)에 따른 것이다. 인용 쪽수는 생략한다.
[31] 개항기의 조선인 자본가는 원론적 의미에서 민족자본 개념에 가깝다. 조기준도 개항기와 일제시기에 조선인 자본가의 존재양태가 다르다는 점을 인정한다.

를 위해 일본인자본과의 결탁도 사양치 않는 결단력을 갖춰 19세기 서구의 무자비한 인간형(Homo Oeconomicus)에 가까운 존재였다. 해방 후 한국경제의 급진적 근대화가 가능했던 배경도 오늘의 한국자본주의가 본받아야 할 이들의 합리적 기업정신 이념 때문이라는 것이다.

결국 조기준이 근대의 추진동력으로 설정한 자본가상의 실제 내용은 국가의식, 민족의식, 민주화에 대한 의지, 사회구성원에 대한 이념적 지도력도 없이 식민지지배를 수용하고 이윤극대화를 위해 매진한 존재였다. 즉 그가 강조한 반제의식과는 거리가 먼 존재였지만 조선인 중소기업인의 역사성을 평가하고 싶은 그의 주관적 의지 때문에 서술상의 표현이 주어진 상황과 결탁해야 했던 자본가의 현실과 괴리된 것이다. 이러한 서술상의 모순만 걸러낸다면, 민족자본의 '신화에서 사실로'(67쪽) 돌아와야 한다고 강조한 에커트가 김씨 형제를 통해 인식한 자본가상과 조기준의 자본가상은 사실상 동질적이다. 조기준이 사용하는 민족자본 개념을 조선인자본으로 이해한다면 혼동을 피할 수 있을 것이다.

조기준에게 민족자본 또는 민족기업의 주류는 자립정신이 강하고 일제의 재정·금융적 지원 없이 기업을 운영했다는 중소기업이었지 민족의 자랑이지만 매판자본의 비판도 면할 수 없다고 본 대자본이 아니었다. 다만 경방에 대해서만 예외적으로 시장개척에 노력하여 만주시장을 개척했고 경향 유지의 거족적인 참가로 설립된 민족기업체로 평가한다. 후진국에서는 소기업에서 자본축적을 통해 대기업으로 발전하는 것이 아니고 외래자본과 대항하기 위해서 처음부터 대기업으로 발족해야 했기 때문이라는 것이다. 따라서 경방에 대한 조기준의 서술적 평가에 대해서 에커트가 비판할 여지는 많다.32) 그러나 자본축적을 위해 정치·사회적 리더십을 포함한 다른 모든 것을 포기한 조선인 대자본가에게 민족주의의 외피를 입힐 수 없다는 에커트의 논지는, 조기준 스스로가 지적한 대로 일본인과의 결탁도 불사하면서 오히려 민족주의를 거추장스럽게 여겼던 실제의 자본가 모습과 비교할 때 동어반복이라는 느낌이 들 정도로 유사하다. 결국 에커트가 경방에 대한 조기준의 평가를 비판하면서 서술적 표현에 얽매인 것은 핵심논지를 오해한 때문이다. 초점에서 빗나간 비판을 통해 자기 논리의 독창성을 강조하는 우를 범한 셈이다.

그러나 식민지 유산에 대한 평가에서 조기준은 '성공적인' 자본가의 검출을 통해 긍정적으로 평가하는 에커트와 큰 차이를 보인다. 즉 ① 구조적 취약성을 띤 일제하의 이중경제구조는 자본 및 기술의 대일의존성 때문에 일본이 물러가자 바로 혼란에 빠져 생산이 마비되었고, ② 분단으로 생산체계가 궤멸되어 더욱 악화되었으며, ③ 한국자본주의는 성립과정에서 물려받은 불리한 유산을 안고 해방 후 재출발해야 했다고 정리한다. 한국사의 시기구분에서도 근대(개항~식민지시대)와 현대(대한민국 정부수립 이

---

32) 그가 1945년에 경방 주식수의 5.6%, 주주수의 13.6%가 일본인이었다는 점을 들어 조선인만 대상으로 한 주식자금 마련에 한계가 있었다고 보는 것은(p.78) 일본인 주주의 영세함을 부각시키려는 의도일 것이다. 그러나 이 지적은 총독부의 보조금과 은행대출 등 식민정책과의 상관관계에서 경방의 성격을 찾는 그의 논지에 흠이 된다. 그는 조선인이냐 일본인이야 하는 문제를 필요 이상으로 중시한다. 한 예로 식산은행이 조선인의 경영참여를 배제했다는 조기준의 주장을 두고 1935년까지 경방의 사장이었던 박영효가 식산은행의 중역이었다고 비판한다(pp.98~99). 일제의 작위까지 받은 노년의 朴이 명실상부한 경영진으로 볼 수 있는지 의문이다.

후)를 구분하고 현대사의 사명은 유럽인들이 수세기 동안 경험한 시민민주국가 건설과 경제적 특권층에 의한 공업화가 아니라 세계사와 보조를 같이하는 인민민주국가 건설과 대중복지를 위한 새로운 경제체제의 수립에 있다고 강조한다. 유감스럽게도 이러한 대안의 경제체제는 추상적 고민에 머무를 뿐 체계적으로 논리화되어 있지도 않고 앞에서 지적한 대로 서술상의 큰 모순을 드러내고 있다.[33] 그러나 외국인(outsider)임을 자처하면서 "애초부터 이윤과 윤리의 측면에서 한국적이라기보다는 일본적인 자본가계급의 탄생을 지향하던"(251쪽) 한국자본주의의 성장과 발달논리는 그 자체로서 의미가 있을 뿐이라는 에커트의 기능적이고 단선적인 역사관은 그러한 고민의 싹조차 부정한다. 민족문제와 식민지자본주의의 상관관계, 인민민주국가 건설과 대중복지를 위한 새로운 경제체제의 수립을 둘러싼 조기준의 문제의식과 고민은 손쉽게 부정할 수 있는 대상은 아니고 후학들이 발전시켜야 할 소중한 과제라고 할 수 있다.

3) 자의적인 한국사 인식과 주체적 역사전망의 배제

에커트는 한국사에서 근대적 기업가 창출과 자본주의 성장은

---

[33] 한국의 근대사와 현대사에 대한 조기준의 시대구분 논거에서 보이는 모순을 지적하자면, ① 근대의 과제가 어떻게 완수되어 현대로 넘어갔는가에 대한 설명이 없고 ② 현대사의 인식대상에 남한만 포함시키는 냉전적 시각을 답습하고 있으며 ③ 서양의 일국사적 근대 개념을 한국근대사에 적용하는 것을 스스로가 부정하면서도 일제와 결탁하여 자본축적을 모색한 자본가들을 근대사의 과제와 현대사의 사명을 수행하는 주체세력으로 설정한다는 점이다.

식민지지배와 더불어 비로소 가능해졌고 개항 이전에는 불가능했다고 단정한다. 그래서 '오렌지 밭에서 사과를 찾'듯이(5쪽) 일본의 침략이 없었다면 "한국인 스스로 자본가계급을 만들 수 있었다"고 믿는 한국 학계의 '신화'를 '없애는'(65쪽) 것이 이 책의 한 목적이라고 선언한다. 동시에 "역사적 중요성이 너무나 오랫동안 편안한 상투적 사고와 왜곡의 장막에 가려졌던 한 시대를 둘러싼 인간의 복합성, 기록의 풍부함, 지적 도전에 대한 어떤 의미가 이 분야를 연구하는 젊은 학자들에게 전달되기"("서문," xiii) 바란다고 덧붙인다. 사상적 측면에서도 한국은 한자, 한문과 중국 고전을 기초로 한 중국문화의 일원이었다가 개항 이후에는 그 중심을 일본으로, 해방 후에는 미국으로 바꾸었듯이 한국사만큼이나 오래된 사대주의로 말미암아 한국의 지배층에게 자율적 발전의 싹을 찾는 것은 불가능하다고 주장한다.

먼저 에커트가 이해하는 한국사에서의 사대주의를 짚어 보자. 7세기 이후의 한국사를 사대주의라는 잣대로 일관되게 파악할 수 있는지 의문스럽지만, 지배엘리트의 동향에 초점을 둔 그의 엘리트주의적 역사관이 아니더라도 특히 조선시대 이후 귀족층의 사대주의 성향이 두드러졌고, 고려나 조선의 국왕이 중국 황제에게 책봉이라는 형식을 받은 것은 사실이다. 그러나 고려가 원(元)에게 복속된 특정 기간 외에는 왕실과 귀족 사이의 권력관계에 따라 자체적으로 국왕이 결정된 이후의 형식적인 사후절차였던 책봉의 국제정치적 성격과 내용에 대한 보다 그의 신중한 탐구가 요구된다. 중세의 중화체제 안의 동아시아에서 대국 - 소국 관계의 설정에 따른 책봉의 절차는 일반적인 것이었다. 그러나 책봉 절차가 국왕에서 하층농민에 이르기까지 사상적인 복속을 의미하지 않는다. 한국사의 경우 고조선 말기부터 중국문화를 수용하기 시작했지만 정치·군사적으로는 당시의 중국왕조와 적대적인 경우가 많았다. 사대의 국제정치적 논리는 국경을 맞댄 중국으로부터 수없는 침략에 맞서 독자적인 문화와 안정된 독립국가를 유지하려는 외교방안의 하나였고, 책봉 절차와 관계없이 실제 조선의 정치운영은 내적 논리에 따라 고유하게 이루어졌다. 중세 유럽에서도 영국 왕은 프랑스 왕에게 형식상의 주종관계를 이룬 적도 있었고 프랑스, 영국, 독일의 왕은 교황이나 대주교에 의해 대관식을 치렀지만 에커트가 한국사에 대해 강조하듯이 사대주의로 이해하지 않는다.

일본을 포함한 중세의 동아시아 한문문화권에서는 지배엘리트에게 중국의 고전과 한문 학습이 보편적이었던 반면에 인민들은 조선의 경우, 고유한 언어와 이두나 한글 등 고유한 문자문화를 확산시켜 갔다. 주변의 수많은 이민족을 한족문화로 흡수한 중국에서도 한문이나 유교경전은 인민에게 소외된 채 소수 지배엘리트들만 읽고 이해하는 독점물이었다. 이것은 바로 전근대사회의 문화유형이다. 종교개혁 이전까지 유럽 각국에서도 유교경전에 비견되는 성경은 일반인민들이 이해할 수 없는 라틴어(원문은 히브리어와 헬라어)로 쓰여진 지배엘리트들의 독점물이었다. 중세 유럽 각국의 역사는 사대주의라는 개념조차 불필요할 만큼 독립된 국가나 민족의식도 약했고 라틴문화권과 로마 가톨릭에 대한 구심력을 갖고 전개되었다. 오늘날 유럽 각국의 글자가 모양은 틀리지만 기원이 같은 알파벳으로 이루어져 있고 서양문화를 논할 때 라틴문화를 빼놓을 수 없는 것은 이 때문이다. 동아시아의 경우처럼 이 역시 중세문화의 한 유형이라 할 수 있는데 이를 두고 우리는 사대주의라는 잣대로 이해하지 않는다. 한국문화를 보는 에커트의 눈은 그만큼 편견에 치우쳐 있다.

에커트의 내재적 발전론 - 자본주의 맹아론(이하 맹아론)에 대한 비판으로 돌아가 보자. 그에 따르면 조선사회의 내적 변화는 일본의 도쿠가와시대의 상업규모에 미치지 못했고(7-8쪽), 조선의 사회구조를 바꾸지 못했으며, 초기자본주의 모습과 거리가 멀었다(3쪽). 역사 전개과정의 차이나34) 다양한 경로를 무시한 채 식민지화한 결과를 토대로 후대 또는 일본과 견줄 때 앞 시대의 변화는 뒤떨어졌기 때문에 무의미하다고 본다. 나아가서 "일본의 경제적 침투를 견뎌낼 수 없었던"(5쪽) 조선 후기의 맹아는 (결과적 현상을 중시하는) 외국인인 자신에게 큰 관심대상이 아니라고35) 단언하여 역사가로서의 문제의식 자체를 기능적으로 파편화시킨다. 그런데 이러한 주장 역시 일부 연구에 대한 비판에 개인적 확신을 추가하는 수준일 뿐 뚜렷한 반증이 수반되지 않는다.

기존 사회의 내적 변화를 추적하는 맹아론은 근대적 체제의 출발, 말 그대로 싹을 찾는 것이다. 오렌지 밭에서 오렌지를 찾는 것이지 사과를 찾으려는 것이 아니다. 따라서 맹아론은 '맹아학파'(sprout school)의 '보편성에 대한 믿음'에 불과하다는36) 일방

---

34) 물론 이를 뒤떨어졌다는 시각에서 볼 수도 있지만 그렇더라도 근대의 침략이 정당화되지는 않는다. 가능하면 침략을 근대의 논리로 포장하려는 시도는 거꾸로 서구인들의 숨겨진, 그래서 무시하고 싶은 원죄의식의 발로라고 생각한다.

35) "역사적 관점에서 이씨왕조 사회 내에서의 자본주의맹아 문제는 외국인(outsiders)이 관심을 두기에는 제한적이고 특별한 한국 민족주의자의 경향을 인정할 때만 중요할 뿐, 궁극적으로 한국사와 별 관련도 없다"(p.5).

36) "남북한 모두가 한국자본주의 발전의 기원을 가능하면 한국사의 먼 곳으로, 적어도 서구나 일본제국주의의 영향이 미치기 이전 시기로 설정함

적인 비난의 대상을 넘어선다. 생산력의 발달로 임노동관계, 서민지주의 출현 등 신분과 무관하게 부의 축적이 가능해진 새로운 모습—기존 사회체제를 못 바꾸었더라도—을 통해 식민사관이 심어놓은 '특수성에 대한 믿음'의 주박을 극복하고 역사발전의 내적 계기와 한국사의 보편성을 추출했다는 사학사적 의의가 있다. 또 한국사의 자율성을 속박하고 제국주의침략을 정당화하는 반인류적 역사인식으로부터의 해방을 의미한다. 물론 맹아론에 대해서는 그것이 제기된 1960년대부터 한국 학계에서도 문제점이 제기되고 비판되었지만37) 이러한 비판이 맹아론의 의의까지 부정하지 않은 것은 이 때문이었다.38) 이에 반해 에커트는 "38선을 넘는 자유로운 정보교환의 장벽"(2쪽)에도 불구하고 남

으로써 세계사 구조 속에서 다른 나라들과 대면하게 된 한국의 위상을 미화시키려는 욕망을 갖고 있다"(p.2).

37) 조기준이나 김준보와 같은 경제사학자의 맹아론에 대한 입장도 근대화 과정은 개항 이전에 자생되고 있었지만 개항이 타율적 충격을 주었다는 것으로 정리된다. 또 1960년대 말 한 학술토론대회에서는 맹아론의 과도한 해석을 두고 자본주의맹아가 곧 근대는 아니며(이우성), "어떤 주도적인, 맹아적이 아닌 변화요소로서 한국사 시대구분에 적용"하기는 어렵다(이용희)는 비판을 받았다.『韓國史時代區分論』, 乙酉文化社, 1970, pp. 343-348(이 책은 1967년 12월과 1968년 3월 두 차례에 걸쳐 진행된 종합학술회의 토론의 결과를 모은 것이다).

38) 맹아론이 조선 후기의 발전상에 관심이 집중되어 이후 시대(개항기 - 식민지 - 분단시대)에 대한 모순을 외면하거나 미화할 수 있다는 우려도 표명되었다. "식민사관에 반대하고 (중략) 우리 역사 전체를, 특히 근대사부분을 밝고 긍정적인 눈으로 보려는 (중략) 노력이 오히려 민족사의 오늘을 정확히 보지 못할 뿐 아니라 (중략) 앞날을 잘못 이끌어갈 위험에 직면하고 있다"(姜萬吉, "分斷時代 史學의 性格,"『分斷時代의 歷史認識』, 創作과 批評社, 1978, pp.13-15).

한과 북한의 사학계에서 비슷한 시기에 비슷한 역사상이 태동된 배경을 진지하게 고찰하지 않고 열등감에 얽혀 사실과 동떨어진 민족주의사관의 산물이라고 쉽게 규정한다. 역사의 연속성을 배제하고 개항 이후 시대를 조선 후기와 완전히 단절시키려 하지만 외적 충격에 적응하는 내적 조건은 오렌지 밭에 사과가 떨어지듯이 이루어지지 않는다. 조선의 생산력수준이 일본과 비교될 수준조차 못 되었다면, 문화란 경제적 바탕 없이 그냥 생기는 것이 아니기 때문에 일제의 동화정책 속에서 한국의 독자적 문화는 사라졌을 것이다. 또 일본인 200만호 이주계획을 세웠던 동양척식주식회사의 애초 구상이[39] 이루어지고 이를 위해 훨씬 대규모의 살육이 벌어졌을 것이다.[40]

개항의 극적 효과를 드러내기 위해 본문 제1부는 1876년의 민두호와 박문회는 만날 수조차 없는 관계였지만, 1945년에 이들의 아들과 손자들은 상류 사교모임인 조선실업구락부에서 교류하는 관계로 변했다는 서술(1쪽)로 시작한다. 그러나 이미 18세기 무렵에 축적한 부를 통해 하층신분에서 관리가 된 사례가 허다하게 나타나 희소성을 지녀야 할 양반의 수가 급증하여 전통적인 양반질서는 무너지고 있었다. 이 때문에 19세기 세도정치 기간에는 국가권력과 밀접한 관련을 가진 상층그룹은 스스로를 지방양반과 구별하기까지 했다. 김씨 형제의 조부와 아버지처럼 신분제

---

[39] 이에 대해서는 君島和彦, "조선에 있어서 東拓移民의 전개과정," 遠山茂樹 外, 『日帝下 韓國社會構成體論』, 청아출판사, 1986 참조.

[40] 오늘날 박물관에만 존재하는 미대륙 원주민의 역사가 좋은 예가 될 수 있다. 에커트는 "일본인 이주민으로 조선을 식민지화하려는 동척의 원대한 계획이 참담한 실패로 끝나"(p.16) 기존 지주제를 전제로 식민정책을 운영해야 했던 배경을 외면한다.

해체과정의 초기적 특징으로서 축적한 부에 대한 경제외적 수탈을 막기 위해 신분이나 벼슬자리를 사서(24-26쪽) 무너뜨려야 할 신분제에 편승하는 추이가 일반화되면 신분의 차별성은 점차 약화되게 마련이다. 그러나 에커트는 사장(私匠)의 출현, 상업적 농업, 임노동자 발생 등의 현상은 돈과 기회가 통용되는 모든 사회에서 나타나는 자본의 모험적 획득형태에 불과하다면서(3쪽) 이전 시대와 뚜렷하게 구분되는 사회경제적 변화를 전근대의 흔한 현상으로 묻어 버린다.

그리고 "사장과 고용노동의 존재를 단순하게 자본주의 성장의 징후로 볼 수 없고— 본원적 의미의 제조업, 즉 수공업이 아무리 발달하고 확산되었더라도 그 내부에 산업자본주의의 기반을 제공하고" "소작농을 산업노동력으로 전환시킬 수 있는"(3-4쪽) 기술력이 구비되어야 한다고 강조한다. 자본주의는 옛질서 틈에서 솟구쳐 나오는 생산력을 기반으로 자본·임노동관계와 시장의 형성을 배경으로 시작된다. 그런데 그가 강조하는 기술력은 자본주의가 상당히 발전한 이후의 결과를 전제로 한다.[41] 결과를 통해 과거를 재단하면서 조선 후기의 도시화 그리고 장시 및 도고의 성장에 대한 총체적 고려 없이 조선의 시장이 일부 양반귀족과 토지에만 연결되어 있었으며, 조선시대는 끝까지 민씨 가문 등 소수의 토지귀족집단이 정략결혼과 과거제도의 장악을 통해 권력과 부를 독점한 사회로 인식된다(3쪽). 계급사회에서 흔하게

---

41) 또 에커트는 식민지에서의 자본가와 자본주의의 '성장'을 자본주의발전의 '보편론'에 기대어 강조하지만, 일제하 조선의 산업구조는 '특수하게' 일본자본주의를 위한 식량공급지로 규정되어 소작농이 대규모로 공업노동력으로 흡수된 것은 식민지 말기인 1930년대 말~1940년대 초에 이르러서였다.

보이는 현상을 한국사의 특수성으로 부각시켜 자체 발전의 불가
능함을 단언한다. 오늘의 '발전된' 한국자본주의사회에서도 부와
권력과 토지는 소수의 토지귀족(재벌)이 독점하고 있으며 지배그
룹의 정략결혼 또한 아주 흔한 경우이다. 자본가 또는 시장이 시
기별로 존재조건이 다르게 마련인 (토지)귀족과 연결되어 근대를
열어 간 경우는 유럽에서도 흔한 현상이었다. 근대적 무역기구가
없는 상황을 고려하지 않은 채 개성상인이 국제무역상이 아니라
'기껏해야 잘 조직된 밀수형태'에 그쳤다고(8쪽) 단정하지만 왕
실 특권회사였던 영국의 동인도회사도 일관되게 근대적 무역을
담당한 존재는 아니었다.

식민지화 이전까지 자본축적을 모색한 그룹이 몰락하고 식민
지권력에 의지하여 성장이 가능했던 집단이 어떻게 출현했을까
하는 점을 두고, 전자는 자본주의에 적응할 수 없었기 때문이라
는 에커트의 손쉬운 판정은 역사적 사실을 고려 대상에서 빠뜨
린다. 예를 들면 러일전쟁 이후에야 조선을 독점적으로 지배할
수 있었던 일본이 곧바로 시행한 '화폐정리사업'이 상공업자의
부를 일거에 휴지로 전락시켜 화폐자산을 폭력적으로 탈취함
과42) 동시에 일본인 자본의 활동공간을 조성했다는 점을 주목하
지 못한다.43) 조선인 자본가계급이 식민정책에 의해 희생되지 않

---

42) 全遇容, 『19世紀末~20世紀初 韓人會社 硏究』, 서울대 국사학과 박사학
위논문, 1997, p.181.
43) 에커트는 자본주의를 논하지만 화폐주권의 중요성을 인식하지 못한다.
외국상품의 유입과 円貨의 유통량이 증가했는데도 국산품을 취급하고
銅貨와 白銅貨를 축적한 조선상인에게 화폐개혁은 최후의 일격이었다
(pp.11-12)는 지적의 이면에는, 조선상인들이 당연히 외국상품을 취급하
고 엔화를 사용해야 했는데 이에 적응하지 못한 때문이라는 비합리적인
편견을 동반한다. 그의 지적대로 1894년까지 면직물시장에서 외국산은

았다고 강조하지만 일제가 식민지화에 성공하자마자 왜 '조선회
사령'을 제정·시행해야 했고 대한제국기의 (조선인)기업 보호정
책을 왜 부정해야 했는가에 대한 의문을 갖지 않는다.44) '화폐정
리'에 이어 조선인 자본의 무장해제를 의미하는 '조선회사령'은
외국인회사의 설립을 통제한 대한제국기의 그것과 반대로 국가
상실에 따른 자국 자본가 보호정책의 폐지를 의미하며, 상대적
잉여자본이 부족했던 일본자본이 본격적으로 조선에 투자되기
이전에45) 조선인회사가 일제의 통제권과 식민정책의 틀을 넘어
설립되는 것을 억제하기 위한 것이었다. 1920년의 '조선회사령'
폐지는 회사자본 규모의 조선인 대자본은 일제가 충분히 통제할
수 있다는 식민정책의 전환을 의미한다. 에커트의 판정처럼 조선
사회 내의 역량이 애초부터 없었다면 일제가 '합방'과 더불어
바로 '조선회사령'을 시행할 이유도 없었다.

1/4 정도를 장악했고 조선인 대부분이 한국의 기호와 요구에 부적합했던
수입품보다 3배나 더 질긴 고가의 국산품을 선호할(p.10) 정도로 굳건한
국산품시장이 존재한 사실과 의미를 탐구할 필요가 있다.
44) 다만 1910년대 산업정책 과정에서 조선인기업이 '(일본인)관리들의 편
애(official favoritism)'로 어려움을 겪었다고(p.40) 서술한다.
45) 일제의 무역수지가 적자에서 흑자로 전환되고 일본자본의 식민지투자
가 본격화된 것은 제1차 세계대전을 지나면서였다. 이것은 에커트도 지
적했다(p.42). 이러한 배경 속에서 1916년에 일제는 일본자본의 조선진출
을 적극 유도하기 위해 조선투자자본(법인)에 대해 일본 본국에서 과세
하던 고율의 개인(제3종)소득세를 면해 주고 대신 소득세제가 없던 조선
에서 일본 내의 법인과 같이 '소득세법' 중 법인의 소득에 관한 과세규
정만 예외적으로 적용하는 임시조치('칙령' 제183호, 1916. 7. 21)를 시행
했다. 이러한 과세특혜정책과 어우러져 일본인 회사자본의 조선투자(불
입자본)액은 1915년 881萬円, 1916년 2,311萬円, 1917년 5,466萬円, 1920년
15,189萬円으로 급증했다(『朝鮮總督府統計年報』 1932년, pp.194-198).

이러한 의문에 대해 에커트는 개항이라는 외적 충격을 절대화시킴으로써 해결하려 한다.46) 개항이라는 환경변화가 조선의 정치·경제에 전일적으로 절대적 영향을 미쳤고 이 시대의 모든 변화를 추동시키는 동력이었다고 본다. 전술한 대로 외적 조건에 적응하는 내적 조건이── 그 추동력이 다른 외국보다 늦거나 약했더라도── 오렌지 밭에서 사과가 떨어지듯 형성될 수는 없다. 실제로 일본의 힘이 조선의 정치·경제에 구체적으로 미치기 시작한 것은 갑오농민전쟁의 패배를 전후한 시기부터였다. 이때에도 일본자본주의 자체의 미약함으로 인해 경제적 침략의 수준은 미약했고 일시적으로 조선의 정치에 영향력을 관철했다가 다른 열강에 의해 밀려나는 상황이었다. 조선에 일본의 힘이 압도적으로 다가온 것은 미국과 영국의 야합적 후원에 힘입어 러시아와의 전쟁에서 승리한 이후였고, 바로 이때 강행한 정책이 '화폐정리'였다. 이것은 이전까지 당시의 상공업이 사상도고, 객주, 광산업, 그리고 왕실자본에 의한 상회사들에 의해 성장해 왔던 연속적 측면을 반영한다.47) 이 책에서 언급되지 않은 대한제국의 '광무개혁'도 그에 대한 평가 여하를 떠나 이전까지의 상공업 발전을 반영한다. 일제시기에 조선인자본이 몰락했다는 것은 조선인 자본가의 존재 자체가 없어졌다는 뜻이라기보다 연속적·계기적

---

46) "조선인 신세대와 기업가정신을 유도하는 정치경제적 체제"라는 '선행 필요조건'이 1919년 이전까지 두드러지지 않는다고 하면서도 개항이라는 "제국주의의 충격은 조선을 처음으로 거대자본가들이 지배하는 활기찬 국제적 시장경제로 몰아넣는 결과를 가져왔다"고 규정한다(p.7).
47) 이에 대해서는 여러 연구가 있지만 최근에 나온 『역사문제연구』(제2호, 1997년 12월)의 '특집'(일제강점과 식민지 유통구조)에 수록된 5편의 논문(송규진, 정병욱, 전우용, 허영란, 이경란)이 좋은 답을 줄 수 있다.

성장이 식민정책으로 저지 또는 왜곡되어 이들의 존재양태, 나아가서 인적 구성이 바뀌었다는48) 뜻으로 이해할 필요가 있다. 일제시기에도 조선인자본은 존재했고 또 수적으로 늘어났지만, 조선인자본이 일본 및 서구의 자본과 시장 및 재생산과정을 둘러싸고 경쟁적 위치에 있었던 이전 시기49)와 큰 차이가 있기 때문이다. 식민지화한 후에 이들의 범주가 국민국가의 상실로 재생산구조를 장악한 일제의 지배를 수용하는 존재로 변해 간 굴절과정을 역사적으로 파악할 필요가 있다.50)

에커트 서술의 큰 특징은 개항 - 일제시기 - 해방 후를 거론할 때에는 다른 모든 변수를 제껴 버린 채 특정 자본가의 검출을 매개로 일관되게 단순화시키는 반면에, 조선 후기의 변화상에 대해서는 뒷시기와 단절시킨다. 특히 맹아론을 비판한 제1장(상인과 지주)의 서술은 혼동스럽다. 일제시대에 본격화된 지주자본의 산업자본으로의 전화나 개항 이래의 자본주의화를 조선 후기의 생산력발전과 상거래 영역의 확대라는 사회변동과 분리시켜 볼 수

---

48) 주조업의 경우 이 현상은 뚜렷하다. 세원확보를 위해 自家用酒 제조금지, 영세업체의 도태를 강제한 주세(주조업)정책으로 1920년대 이후의 주조업자는 대부분 이 시기에 새로 진출한 자들로서 조합조직을 통해 세무행정과 지방행정의 첨병역할을 맡은 '유지'들이었다. 1934년의 조선주조협회(회원 3,400여명 중)의 253개 조선인 제조장 가운데 244개(96%)가 1920년대에 창립되어 주조업자의 대거 교체를 보여준다(정태헌,『일제의 경제정책과 조선사회』, 역사비평사, 1996, pp.116-118).
49) 전술한 대로 이 시기에 이러한 상태에 있던 조선인 자본가를 민족자본가로 개념지을 수 있다. 앞의 주 31) 참조.
50) 에커트는 조선인 (대)자본가들이 총독부를 통해 자신들의 이해관계를 충족시켜 일반인민에 대한 이념적 지도력 부족을 메우려 했다는 지적 이상을 넘어서지 못한다.

없다는 상식을 그가 본의 아니게 확인해 주고 있기 때문이다. 즉 결국 근대자본주의에 적응하지 못하여 몰락했지만 개항 이후 객주나 여각 등 '전통적' 상인의 발전이 두드러졌으며51) 신흥부르주아들의 상당수가 지주 출신이었다는52) 지적은 그의 부정에도 불구하고 내재적 발전과의 상관관계를 내포한다. 이때 남는 한 변수가 국가의 문제인데 이에 대한 에커트의 답은 간단하다. 즉 총독부는 탄압적이었지만 무능했던 조선왕조를 대신하여 한국사에서 자본주의의 꽃을 피게 한 '근대적' 국가였다.53)

---

51) 이들의 역할과 중요성은 일본인들의 영역이 확대되면서 "전통적인 상업형태를 바꾸지 않는 한 자본축적 능력의 한계에 이르러"(p.14) 상실되어 갔다고 지적되고 '화폐정리사업', '조선회사령' 등 이들을 위축시킨 외압은 '근대적인 자본주의'로 전제된다.

52) 하버드국제개발연구소(Harvard Institute for International Development)와 한국산업은행의 공동연구 결과를 통해 현대 한국기업가의 47%가 중대지주, 주로 대지주의 아들이었다고 한다(pp.14-15, 270). 원자료는 Leroy P. Jones and Il Sakong, *Government, Business, and Entrepreneurship in Economic Development: The Korean Case, Studies in the Modernization of the Republic of Korea: 1945~1975*(Cambridge: Council on East Asian Studies, Harvard University, 1980), p.228.

53) 그의 국가론은 자국민, 자국 자본가의 이해관계에 기초해야 한다는 기본개념을 망각하고 있다(이에 대해서는 이 글의 3절 1항 참조). 또 전성기에도 전 농토의 25%를 넘지 못했던 일본인의 토지획득 대상이 자(소)작농이어서 조선인지주의 소유 감소를 초래하지 않았고, 원래 공유지(혹은 왕실지)인 경우가 많았다면서(p.16) 극소수 일본인지주가 농지의 1/4이나 차지하게 된 엄청난 사실을 가볍게 넘긴다. 공유지를 기반으로 일본인지주가 성장했다면 그 자체가 국가를 상실한 결과인 것이다. 총독부 권력이 외국인의 토지소유금지 조항을 해제하고 일본인의 토지소유를 법인한 '조선토지조사사업'을 제공한 환경 덕에 해방 후 남한에서 일본인 소유농지의 52%가 기름진 전라도에 집중된 것이다(김기원, 『미군정기

4. 덧붙이는 말

　머리말에서 필자는 외국사 연구자의 일차적인 자세가 그 나라 사람들의 입장에서 역사를 이해하려고 노력하면서 '자국적' 외국사상(外國史像)을 추구해야 하지 않을까 피력한 바 있다. 이런 점에서 에커트의 한국사상(韓國史像)은 철저하게 '미국적'이다. 그리고 '다른 나라들이 배워야 할' '아시아의 다음 거인'("서문," xii)[54]이라고 한국인조차 동의하기 어려운 극찬을 가한 한국경제는 자체 발전이 불가능했으며 일제가 이식하고 키워 준 자본가 계급과 그 유산에 의해 비로소 오늘의 자본주의로 발전할 수 있었다는 미개-문명의 전통적 도식에서 출발한다.
　한 가지 재미있는 차이가 발견된다. 서양과 중국의 접촉은 한국보다 훨씬 오래되었지만, 근대적·침략적 접촉이 시작될 무렵에 서양인이 가졌던 중국상은 에커트가 동조하면서 인용한 다른 외국인들의 한국상보다 나을 것이 없었다. 그런데 비숍이 지구상에서 서울 다음으로 가장 더러운 도시라고 경멸적으로 묘사한 북경의 무대인 중국사를 연구하는 오늘날 미국의 중국사학계는 적어도 에커트처럼 과거의 시각을 고수하는 것 같지 않다. 더구나 그의 관점을 연장해서 보면 경제규모를 논외로 할 경우, 덩샤

　의 경제구조』, 푸른산, 1990, pp.26-28).
54) 원문은 Alice H. Amsden, *Asia's Next Giant: South Korea and Late Industrialism* (New York: Oxford University Press, 1989), p.3.

오핑 집권 이후 자본주의적 생산양식을 도입한 중국경제의 생산성이 1980년대의[55] 남한보다 우월할 수 없다. 그런데도 이러한 변화와 차이가 드러나는 것은 에커트의 '자본주의 돋보기'와 차원을 달리하는 다양한 변수와 분석방법 때문일 것이다. 또 오늘의 세계사에서 갖는 중국의 현실적인 힘, 드넓은 대륙에서 일제와 미국이 지원한 국민당에 승리한 괴력에 대한 경이감 등이 작용했을 수도 있다.

이에 반해 에커트의 편향된 '미국적' 한국사상은 한국의 세계사적 위상 또는 오늘날 한미관계의 비중과 관계가 있는지 모르겠다. 실제로 미국의 많은 대학에서 동아시아사 연구는 중국과 일본에 치중되어 있고 한국사는 주변적·부수적으로 다루어지고 있으며 최근에도 여전히 일부 대학과 일부 교수로 제한되어 있다. 한국(사) 연구수준도 이에 비례하는 것으로 보이고 이 책도 이러한 추세에서 예외는 아니다.

결국 에커트의 '미국적' 한국사상은 최강국의 배경을 안고 한국사를 인식하는 특수한 산물일 뿐 보편성 속에서 정당한 아이덴티티를 추구해야 하는 한국 학계의 한국사상과 대립될 수밖에 없다.

에커트의 역사인식을 추적하다 보면 엄연히 원주인이 있던 땅을 신세계로 부르며 자행한 살육과 약탈의 과거를 개척과 꿈의 시대로 보는 '신화' 같은 이중적 인간관, 독립 이후 최강국에 이른 오늘까지 패배한 적이 없는 승자의 시각, 타국과의 전쟁을 자국 땅 밖에서 치르면서 살상과 파괴와 침략을 자국 내에서 겪어 본 적이 없는 미국사의 경험에서 비롯된 '기시감'을 느낀다. 유

---

[55] 이 책은 1991년에 출판되었다.

럽의 다양한 민족이 이주하면서 이루어진 미국사의 경험에 제한되면 제3세계가 국가 대 국가—민족 대 민족—의 침략과정에서 이루어 놓은 근대민족주의를 이해하기 어렵다. 이러한 경험 속에서 최강국으로서의 자부심과 어우러진 역사상은 모든 역사를 자신들의 기준에 맞추고 현실 자체를 최고의 가치척도로 설정하는 단선적·일면적 가치관에 쉽게 경도될 수 있다. 이 책도 과거사를 기정사실로 전제하는 강자 위주의 실용주의적 정서가 그대로 담겨 있다.

근대 이전에는 중국을, 근대 이후에는 일본과 미국을 번갈아 '형님'으로 모시면서 이들 국가의 후원과 지배 아래 강력한 독재체제를 통해 경제성장을 모색한 한국사에서의 사대주의를 지적한 점은 뼈아프게 받아들인다. 에커트처럼 지배엘리트에 초점을 맞출 경우 남한 지배엘리트에게서 이러한 모습은 특히 두드러지기 때문이다.

그러나 식민지적 근대의 유산을 안고 있는 제3세계 지배엘리트의 존재양태는 안정되어 보이는 미국이나 서구와 달리 엄청난 모순을 안고 변화의 과정 속에 있는 집단이다. 에커트에게는 이러한 차이를 볼 수 있는 틈은 없고 모순을 지양하기 위한 제3세계의 민주화운동을 '이론적이지 못한 신좌파'의 유익하지 못한 움직임에 불과하다고 평가절하된다. 그의 '자본주의 돋보기'는 식민지적 근대의 본질과 실체를 구별하지 못하며 그의 한국사상은 그가 속해 있는 국가 또는 집단의 주류적 관념과 이해관계에 얽매인 채 소외된 대상으로 전락되었다.

평화봉사단원으로서 이 책의 자료수집을 위해 한국에 체류하면서, 하버드대 교수로 재직하는 동안 체득한 에커트의 경험이 한국(사)에 대한 경멸감을 더욱 짙게 만들었을 것이다. 자료창고를 국내 학자들에게 자유롭게 열어 주고 비판을 감내하는 큰 자세를 보였다면 오히려 또 다른 평가를 받을 수도 있었을 텐데, 한 미국인에게만 호의를 베풀어 기대 밖의 결과를 보게 된 이 책의 사례대상 기업체나 관계자들 또한 그의 사대주의론을 더욱 심화시키는 소재가 되었는지도 모른다. 어떻게 외국에 한국(사)을 알릴 것인가 하는 목적을 따져 예산을 집행해야 하는 한국정부가 내용도 따져보지 않고 막연하게 한국사 연구의 수준 높은 세계화를 기대하고 연구비를 지원하는 현상도 이를 부채질했을 것이다. 영웅을 갈망하고 박정희를 찬양하는 우리 사회 일각의 집단에게는 에커트의 책이 반가웠을지 모른다. 그러나 식민사관에 입각한 거시적인 한국사상이 자신들의 발등을 찍는 부메랑으로 돌아와 자신들을 왜소하게 만든다는 점을 함께 생각해야 한다.

이 글을 쓰는 동안 역사학이란 무엇인가 하는 원초적인 질문과 계속 마주쳤다. 각 나라에서 쏟아져 나오는 수많은 논문과 저술이 자국의 일시적이고 단견적인 이해관계를 넘어 인류 모두에게 적용될 보편적 가치를 얼마나 추구하고 있나 하는 의문이 끊임없이 일어났다.

이 책은 승자 또는 강자의 입장에서 사물을 평가하고 식민지 경험을 겪은 곳에서 여전히 남아 있는 과거사를 아전인수격으로 재단하는 기능주의적 역사인식을 드러낸다. 논리적 설득력보다 한국 (역사)학계의 게으름, 그리고 강대국의 힘과 영향력을 배경으로 다가오는 악순환을 느낀다. 역사가에게 향후의 전망을 물을 때 에커트에게 이 통념적 질문에 대한 답은 기대하기 어렵다. 반민족적이고 예속적인 대자본가 중심으로 '경제발전'을 이룬 기이함, 민주주의가 불필요한 나라, 식민지 지배에서부터 오늘날의 심각한 대미의존적 경제구조에 이르기까지 사실상 자율적 발전

능력이 없다는 평가에도 불구하고 그가 역사의 철저한 승리를 주장할 수 있는 근거는 오로지 자본가의 존재와 자본주의의 '성장'이라는 현상에 의존하기 때문이다. 현재의 그에게서 근대와 자본주의의 본질과 스펙트럼을 구별해 내는 역사가의 눈을 기대하는 것은 '오렌지 밭에서 사과를 찾는' 것처럼 무의미한 일일지도 모른다.

한국현대사의 재인식 16
해외학자 한국현대사연구분석 2

초판 제1쇄 찍은날 : 1999. 11. 25
초판 제1쇄 펴낸날 : 1999. 11. 30

엮은이 : 한국정신문화연구원 연구처
펴낸이 : 김 철 미
펴낸곳 : 백산서당

등록 : 제10-42(1979.12.29)
주소 : 서울 서초구 서초동 1550-14
전화 : 02)2268-0012(代)
팩스 : 02)2268-0048
이메일 : bshj@chollian.net

※ 저작권자와의 협의 아래 인지는 생략합니다.

값 6,500원

ISBN 89-7327-222-5 03300
ISBN 89-7327-212-8(세트)